Napoleon – Österreichs Schrecken der treue Freund Baierns

Die Allianz zwischen Bayern und Frankreich

Ganz München war auf den Beinen, als Napoleon am 24. Oktober 1805 seinen triumphalen Einzug hielt. Die Bevölkerung jubelte und in den Wirtshäusern sangen die Soldaten „Frohlocket, singt! Es lebe hoch Napoleon – des großen Sieges Sohn! Franzosen – Brüder! Ju! Stoßt an und trinkt! Und lasst uns kämpfen bis der volle Sieg gelingt." An der Pforte der ehrwürdigen Akademie fanden sich gar die schmeichelhaften Worte niedergeschrieben: „Er kam, sah, siegte – Napoleon – Österreichs Schrecken, der treue Freund Bayerns – er lebe hoch." Schließlich hatte die Münchner Malerin Marianne Kürzinger ein Gemälde mit dem Titel „Gallia schützt Bavaria" geschaffen – zwei sich umarmende allegorische Frauengestalten. Auf der rechten Seite die Beschützerin, wehrhaft mit einem vom Sieges-Lorbeer umrankten Helm, auf dessen Spitze ein Adler mit wehendem Helmbusch thront, in der rechten Hand hält sie ein Schild, auf dem unschwer das napoleonische „N" zu erkennen ist, den linken Arm hat sie beschützend um eine wehrlose Jungfrau gelegt, die über ihrem dünnen wallenden Gewand einen Schleier mit den weiß-blauen Rauten trägt. Im Hintergrund schlägt der bayerische Löwe Purzelbäume. Was war geschehen?

4

Napoleon bei der 1. Bayerischen Division vor der Schlacht in Abensberg, Öl auf Leinwand, Jean-Baptiste Debret, 1811.

1.

Das altbayerische wittelsbachische Herzogtum, das lange Zeit nur aus dem bayerischen Oberland, Niederbayern und der Oberen Pfalz bestanden und sich über Jahrhunderte im Schatten der bayerischen Kurpfalz befunden hatte, konnte plötzlich mit Hilfe Frankreichs europäische Politik machen. Zwei bayerische Kurfürsten hatten es bereits im 18. Jahrhundert vergeblich versucht, im Konzert der europäischen Mächte mitzuspielen und sie hatten dabei stets ihr Land an den Rand des Abgrunds gebracht. Jedes Mal war Bayern von Österreich besetzt und grausam unterdrückt worden. Die Erinnerung an den bayerischen Aufstand gegen die österreichische Fremdherrschaft war zur Zeit Napoleons noch durchaus lebendig und nicht wenige entsannen sich der Erzählungen ihrer Großväter über die Sendlinger Mordweihnacht und wie die Österreicher in Aidenbach die Bauern niedergemetzelt hatten. Österreich galt als der Erbfeind Bayerns.

Gallia beschützt Bavaria. Allegorie auf das Bündnis von 1805, Öl auf Leinwand, Marianne Kürzinger, 1805.

Proklamation.

Da durch die Vorsehung Gottes es dahin gediehen ist, daß das Ansehen und die Würde des Herrschers in Baiern seinen alten Glanz und seine vorige Höhe zur Wohlfahrt des Volkes, und zum Flor des Landes wieder erreicht, so wird der Allerdurchlauchtigste und Großmächtigste Fürst und Herr, Herr **Maximilian Joseph**, als König von Baiern, und allen dazu gehörigen Ländern hiemit feyerlich ausgerufen, und dieses seinen Völkern allenthalben kund und zu wissen gemacht.

Lange und glücklich lebe **Maximilian Joseph**, unser allergnädigster König! Lange und glücklich lebe **Karoline**, unsere allergnädigste Königin!

So geschehen und verkündet in der Königlichen Haupt- und Residenzstadt München am ersten Tage des Jahres Ein Tausend Acht Hundert Sechs.

Als 1777 die altbayerische Linie der Wittelsbacher ausstarb, wäre Bayern um ein Haar von seinem österreichischen Nachbarn geschluckt worden. Der kurpfälzische Erbe Karl Theodor hatte nicht wenig Lust, seine bayerischen Lande gegen ein niederländisches Königreich an Österreich-Habsburg zu verschachern. Dass aus dem Geschäft nichts geworden ist, haben die Bayern letztlich den Preußen zu verdanken, deren König Friedrich der Große den politischen Kuhhandel zum Scheitern gebracht hatte.

Aber selbst nach dem Einschreiten des Preußenkönigs war den Österreichern der Appetit nicht vergangen, und als Kurfürst Karl Theodor seine Augen für immer schloss (16. Februar 1799), sah man in der Wiener Hofburg abermals eine Gelegenheit, sich den kleinen Nachbarstaat bequem in die Tasche zu stecken. Man hatte allerdings die Rechnung ohne den Wirt gemacht und das war der Pfalzgraf Max Joseph von Zweibrücken-Birkenfeld, ein wittelsbachischer Verwandter des verstorbe-

Proklamation Max Josephs als König von Bayern, München, 1. Januar 1806.

nen pfalz-bayerischen Kurfürsten, dem jetzt Bayern gewissermaßen in den Schoß fiel. Er hatte als junger Offizier im Elsass gedient, war Inhaber eines Regiments des französischen Königreichs gewesen und der Taufpate seines ersten Sohnes, des späteren bayerischen Königs Ludwig I., war kein Geringerer als der französische König Ludwig XVI. Sein engster Berater war der aus savoyardischem Adel stammende Maximilan von Montgelas, der auf Empfehlung eines französischen Diplomaten in seine Dienste getreten war.

Es war früher Abend, als am 21. Februar 1799 der wittelsbachische Erbe aus Zweibrücken als Kurfürst Max IV. Joseph durchs Karlstor in München einfuhr und viele kennen die Anekdote vom Kaltenegger-Bräu aus der Karmelitengasse, der den neuen Regenten hoffnungsvoll mit den Worten begrüßte: „No Maxl, weilst nur grad da bist.“ Der Bräu sprach dem Volk aus dem Herzen, denn die Verhältnisse waren zu diesem Zeitpunkt wirklich mehr als beunruhigend, nicht nur für die Münchner und die Bayern, sondern für ganz Europa. Die Franzosen hatten 1789 die Bastille gestürmt und den Taufpaten des späteren bayerischen Königs geköpft. Um die Revolution, die vor den Reichsgrenzen nicht Halt machte, einzudämmen, schmiedeten die europäischen Mächte mit Österreich an der Spitze eine Koalition gegen Frankreich und Bayern musste widerwillig beitreten. Max Joseph hätte sich gerne herausgehalten – aber wie?

König Max I. Joseph, Miniatur, unbekannter Künstler.

Als der Feldzug schon im folgenden Jahr mit einer Niederlage Österreichs endete, war der Hass auf Österreich, das Bayern abermals in ein Kriegsschlamassel gezogen hatte, nicht geringer geworden. Zu viele Opfer hatte man die ganzen Jahre über für Habsburg gebracht, zu viele Male war Bayern zum Schlachtfeld geworden und zu viele Einquartierungen, Requisitionen und Kontributionszahlungen hatten auf dem ausgeplünderten Land gelastet. Bayern musste, wenn es politisch überleben wollte, nach neuen Möglichkeiten suchen.

Bald schon gab es eine Chance und die war mit dem Frieden von Lunéville (9. Februar 1801) gekommen, einem von Frankreich auferlegten Friedens-Diktat, in dem Kaiser Franz II. in Wien dem 1. Konsul von Frankreich, einem gewissen Napoleon Bonaparte, die linksrheinisch gelegenen Territorien der deutschen Reichsfürsten abtreten musste. Um den Fürsten Ersatz zu schaffen, waren ihnen geistliche Herrschaften und Besitzungen in Aussicht gestellt worden. Wie und wer und vor allem wie viel die zu entschädigenden Fürsten aber bekommen sollten, war zunächst völlig ungeklärt und so schickte der zum führenden bayerischen Minister aufgestiegene Montgelas den aus München stammenden Diplomaten Anton von Cetto nach Paris, um dort einmal das Terrain zu sondieren. Cetto erledigte diese Aufgabe so gründlich wie erfolgreich und der geheime französisch-bayerische Entschädigungvertrag (24. August 1801) war der erste Vertrag zwischen der französischen Republik und einem deutschen Reichsfürsten – der Beginn einer zwölf Jahre währenden Freundschaft.

Das Entschädigungsgeschäft wurde am Regensburger Reichstag im sogenannten Reichsdeputationshauptschluss geregelt (3. Februar 1803), einer in wesentlichen Teilen von Napoleon diktierten Gebietsreform innerhalb Deutschlands. Bayern verlor dabei zwar einige Ländereien links des Rheins, aber letztlich gewann es dafür ein vielfaches: die reichen Fürstbistümer Würzburg,

König Max I. Joseph, Öl auf Leinwand, Moritz von Kellerhoven, 1806.

Bamberg, Freising und Augsburg, Teile der Hochstifte Passau und Eichstätt, das Fürststift Kempten sowie zahlreiche schwäbische Reichsstädte und Reichsabteien – das moderne Bayern als ein in sich geschlossener Flächenstaat begann Gestalt anzunehmen.

Napoleon hatte Bayern nicht ganz selbstlos vergrößert. Unmittelbar an Österreich angrenzend war es das ideale Aufmarschgebiet und daher auch der für ihn interessanteste Partner in Süddeutschland. Im Gegenzug zu Montgelas und dessen nach Paris beorderten bayerischen Gesandten ernannte Napoleon einen der fähigsten französischen Diplomaten, Louis Guillaume Otto, zum Gesandten am Münchner Hof, der dort den Boden für ein französisch-bayerisches Bündnis bereiten sollte. Das war nicht ganz einfach. Zwar befürworteten die wichtigsten Berater des Kurfürsten mit Montgelas an der Spitze eine Allianz mit Frankreich, auf der anderen Seite aber agierte eine um die Kurfürstin Karoline und den Kronprinzen Ludwig formierte Opposition, die für Österreich auftrat.

Als sich dann im Sommer 1805 Österreich mit England und Russland abermals zu einer Koalition gegen den inzwischen zum Kaiser der Franzosen aufgestiegenen Napoleon zusammenschloss, mussten die Bayern Farbe be-

kennen. Max Joseph wäre am liebsten neutral geblieben, sah sich aber schon bald von Österreich wie von Frankreich mehr bedroht als umworben. Österreich kündigte an, es werde Bayern umgehend besetzen, wenn es nicht der Koalition gegen Napoleon beitrete. Kaiser Franz II. soll sogar erklärt haben: „Ich werde Bayern nicht nehmen, ich werde es verschlingen.“ Aber auch Frankreich wollte kein neutrales Bayern anerkennen. Dann – so hieß es kühl aus Paris – zöge man es vor, das Land im Lager der Feinde zu wissen. Das war deutlich.

Porträt des Kurfürsten Max IV. Joseph, Moritz Kellerhoven.

Bayerische Hinterfotzigkeit

Jetzt folgte ein seltenes Kabinettstück, gemischt aus diplomatischer Ranküne und bayerischer Hinterfotzigkeit. Der Kurfürst, der in Krisensituationen regelmäßig Fieber und Magenbeschwerden bekam, begann prompt zu kränkeln. Aber seltsamerweise erkrankte zum gleichen Zeitpunkt auch Montgelas, der daraufhin in seiner Villa in Bogenhausen das Bett hüten musste. Was auf den ersten Blick wie eine unglückliche Verkettung der Umstände aussieht, erwies sich jedoch als politisches Meisterstück, dass man fast geneigt sein kann anzunehmen, Montgelas habe seine Krankheit nur vorgetäuscht. Während Max Joseph, der im Nymphenburger Schloss danieder lag, den Österreichern gegenüber den Schein der Neutralität wahren konnte, schloss der angeblich ans Bett gefesselte Montgelas am 25. August 1805 in seiner Villa mit dem französischen Gesandten Otto einen Geheimvertrag, der

Maximilian Graf Montgelas, Porträtbüste, Biskuitporzellan, Johann Peter Melchior, vor 1814.

als Vertrag von Bogenhausen in die Geschichte eingegangen ist. In diesem Geheimvertrag versprach Frankreich seinem künftigen bayerischen Bündnispartner bedeutende Gebietserweiterungen sowie 100.000 Mann französischer Soldaten in einem Krieg gegen Österreich. Der erste Coup war gelungen.

Elf Tage später – am 6. September 1805 – folgte der Coup Nummer zwei. Max Joseph, weiterhin krank vor Aufregung, wollte sich gerade die Nachtmütze aufsetzen, als der überraschend nach Bayern einmarschierte österreichische Feldmarschall Fürst Schwarzenberg das Nymphenburger Schloss von Husaren und Dragonern umstellen ließ. Er setzte Max Joseph unter Druck und verlangte von ihm, die bayerischen Truppen umgehend in die österreichische Armee einzugliedern. Von dem bereits geschlossenen französisch-bayerischen Geheimvertrag hatte Schwarzenberg freilich keine Ahnung und Max Joseph verriet ihm auch kein Sterbenswörtlein. Besser noch: zum Schein ging er auf Schwarzenbergs Forderung ein und so gelang es ihm, den Feldmarschall hinzuhalten, bis dieser seine Dragoner aus Nymphenburg abgezogen hatte und den weiteren Vormarsch der österreichischen Armee anhalten ließ. Wenige Stunden später flüchtete der Kurfürst mit seinem Hofstaat und dem wie durch ein Wunder wieder gesundeten Montgelas bei Nacht und Nebel nach Würzburg. Jetzt merkten auch die Österreicher, dass sie geprellt worden waren – zu spät, denn in diesem Moment trafen Napoleon und seine Armee an der Donau ein. Max Joseph unterschrieb den Bogenhausener Geheimvertrag (28. September 1805) und damit stand Bayern an der Seite Napoleons.

Bei allem Respekt aber war der Kurfürst mit dieser Unterschrift kein geringes Risiko eingegangen. Seine Zukunft und die seines Landes hing ganz vom Ausgang des Feldzugs ab, und mit Schrecken mag er daran gedacht haben, dass Bayern schon zweimal dem Untergang geweiht war, als es auf Frankreich als Verbündeten gesetzt hatte. Es kann kein Zweifel bestehen, dass Kaiser Franz in Wien seine Drohung, Bayern zu verschlingen, wahr gemacht hätte, wenn der Feldzug für ihn siegreich geendet hätte. Doch Österreich war der Feldherrnkunst eines Napoleons nicht gewachsen. Bei Ulm kapitulierte der österreichische General Mack und die mit ihm eingeschlossene Armee von 23.000 Soldaten. Die Österreicher wurden aus München vertrieben und Napoleon hielt seinen anfangs geschilderten triumphalen Einzug.

Am „Arc de Triomphe du Carrousel" in Paris, einem Triumphbogen, den Napoleon 1806 zwischen dem Louvre und den Tuillerien errichten ließ, ist einem Marmorrelief die Szene „Rückkehr nach München" dargestellt. Zu sehen ist, wie der französische Kaiser einen schlanken und ranken bayerischen Kurfürsten an den rechten Hand führt, während er mit der ausgestreckten Linken auf ein angedeutetes Stadttor weist. Vor den beiden Monarchen werfen sich die dankbaren Münchner Bürger zu Füßen, während links französische Soldaten gerade dabei sind, die aus dem Wiener Zeughaus zurückgebrachten bayerischen Geschütze mit Girlanden zu schmücken. Die Wirklichkeit sah etwas anders aus, denn Max Joseph kehrte erst fünf Tage nach Napoleon in die Landeshauptstadt zurück. Seine Verspätung entschuldigte er beim Kaiser mit Brechreiz und Fieber.

Der weitere Verlauf des Feldzugs erfolgte mit einem für damalige Begriffe unglaublichen Tempo. Schon am 13. November 1805 stand der Korse vor Wien und ließ sich die Schlüssel der Kaiserstadt überreichen. Zwei Wochen später leuchtete die Sonne von Austerlitz (2. Dezember 1805). Als die bayerischen Soldaten im Januar 1806 nach Hause zurückkehrten – zum erstenmal seit hundert Jahren siegreich – kursierte im Volk ein blasphemisches Glaubensbekenntnis, das in seiner Art bezeichnend für die Situation war:

Ich glaube an den Kaiser Napoleon, mächtiger Schöpfer der Republiken und Königreiche, an Maximilian Joseph, seinen eingeborenen Sohn, unsern Herrn,

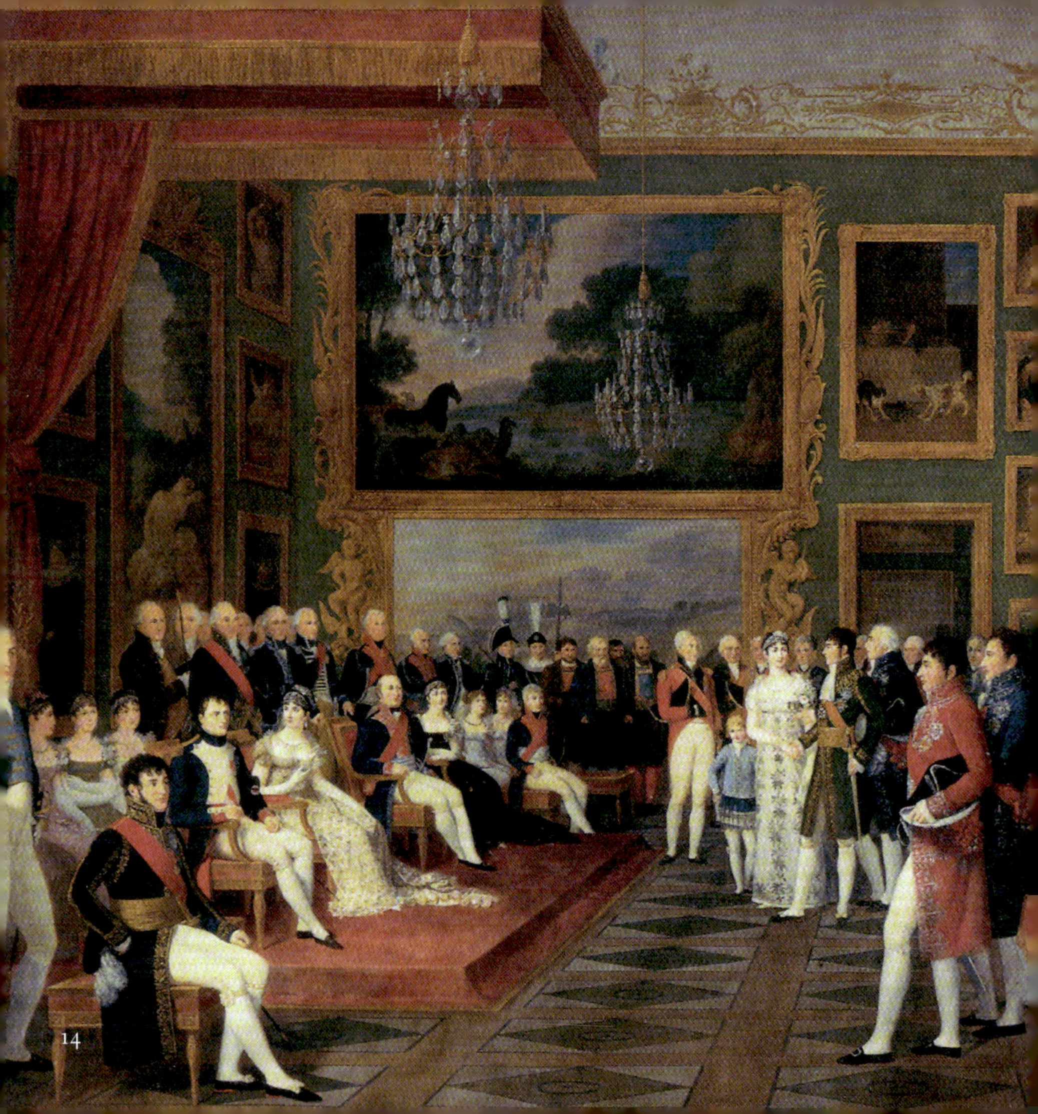

der empfangen ist von der heiligen Vorsehung ... gelitten unter Franz dem Zweiten, gekreuzigt, doch nicht gestorben und begraben, abgestiegen zu den Franken, am 12ten Oktober wieder auferstanden von der Todesangst, aufgefahren nach München, sitzend zur rechten Hand Napoleons, des mächtigen Vaters, von dann er kommen wird zu richten die Getreuen und Heuchler; eine einzige allgemeine Versammlung, Gemeinschaft von Europens Potentaten, Ablaß der österreichischen Schulden durch Bezahlung, Auferstehung des baierischen Nationalruhmes und ein friedliches Leben. Amen.

Die Allianz hatte sich gelohnt. Bayern erhielt ganz Tirol einschließlich der ehemaligen Fürstbistümer von Brixen und Trient, dazu Vorarlberg, Burgau, Hohenems, Lindau, die Hochstifte Passau und Eichstätt, die Reichsstadt Augsburg und das einst markgräflich-preußische Ansbach. Es reichte jetzt vom fränkischen Bamberg bis an das Nordufer des Gardasees. Außerdem wurde das Land zum souveränen Königreich erhoben und die von Pariser Juwelieren angefertigte bayerische Königskrone enthielt den berühmten blauen Diamanten, einen der wertvollsten Edelsteine der Welt. Nach außen wollte man freilich den Eindruck vermeiden, die königliche Würde stamme von Napoleons Gnaden, und man berief sich daher auf eine Erneuerung der königgleichen Herrschaft der Agilolfinger, die während des frühen Mittelalters in Regensburg regiert hatten.

Das Bündnis mit Napoleon, auf den das moderne Bayern zurückgeht, wurde noch mit einer Hochzeit befestigt: Sein Stief- und Adoptivsohn Eugène de Beauharnais erhielt die Hand der bayerischen Prinzessin Auguste Amalie (13./14. Januar 1806). Leutselig versicherte der zum Schwager Napoleons aufgerückte bayerische König Max I. Joseph am Ende der Feierlichkeiten: „Wir bleiben die alten."

Vgl. Marcus Junkelmann, Napoleon und Bayern, Regensburg 1985, S. 85-143.

Ziviltrauung von Eugène Beauharnais und Auguste Amalie von Bayern in der Münchner Residenz am 13. Januar 1806, Öl auf Leinwand, François-Guillaume Ménageot.

Napoleon im Krönungsornat,
François Gérard.

Rache für Austerlitz

Politischer Hintergrund und Verlauf des Feldzugs von 1809

Das bayerisch-französische Bündnis verdrängte Österreich-Habsburg aus dem alten Reich. Napoleon, der seine süddeutschen Bündnispartner mit Bayern an der Spitze zu souveränen Staaten gemacht hatte, gründete schon wenige Monate später den sogenannten Rheinbund (12./27. Juli 1806): Zwölf deutsche Fürsten schlossen ein Militärbündnis mit Napoleon, wobei sie gleichzeitig ihren Austritt aus dem Reich erklärten. Kaiser Franz war gezwungen, die deutsche Kaiserkrone niederzulegen und das Reich für erloschen zu erklären – eine der wesentlichen Ursachen für den Feldzug von 1809.

Napoleon hatte sich im Rheinbund, dem im Verlauf der folgenden Jahre fast alle deutschen Staaten beitraten, eine so beherrschende Stellung in Deutschland geschaffen, dass sich im Herbst 1806 das bislang neutrale Preußen bedroht sah. Mit dem russischen Zaren als Bündnispartner im Hintergrund fühlte man sich in Berlin jedoch stark genug, Napoleon ultimativ aufzufordern, seine Armee aus Deutschland abzuziehen. Die Folge war der sogenannte 4. Koalitionskrieg, der nach der Doppelschlacht von Jena und Auerstädt (14. Oktober 1806) mit der vollständigen Niederlage Preußens endete. In Tilsit kam es anschließend zu einem Verständigungsfrieden zwischen Frankreich und Russland (7./9. Juli 1807), wobei es Preußen nur der Fürsprache des Zaren zu verdanken hatte, dass es damals nicht ganz von der Landkarte verschwand.

Die Rheinbundfürsten huldigen ihrem Protektor, Kaiser Napoleon I. Altkolorierte Lithographie von C. E. Motte.

Franz II., der letzte Kaiser des Heiligen Römischen Reiches Deutscher Nation.

Napoleon am Höhepunkt seiner Macht

Nach der Einigung mit dem russischen Zaren – Napoleon und Alexander hatten sich in einer denkwürdigen Begegnung auf einem in der Mitte des Grenzflusses Njemen schwimmenden Floß getroffen – war Russland zum Verbündeten des französischen Kaisers geworden. Dieser beherrschte jetzt fast ganz Europa und der Fürstentag von Erfurt (Oktober 1808), bei dem er dem Zaren imponieren wollte, und zu dem er alle mit ihm verbündeten deutschen Monarchen eingeladen hatte, stellt gewissermaßen den Höhepunkt seiner Macht dar. Nur England widerstand ihm noch.

Um auch noch die britische Insel niederzuringen, befahl Napoleon die sogenannte Kontinentalsperre, eine wirtschaftliche Kampfmaßnahme, die England von den europäischen Absatzmärkten abschließen sollte. Sie belebte zwar in einigen Bereichen heimische Gewerbezweige auf dem Kontinent, führte aber letztlich zu schweren wirtschaftlichen Einbußen und großer Unzufriedenheit in der Bevölkerung. Bald fehlte es an Rohstoffen und Konsumgütern wie Baumwolle, Kaffee und Zucker. Schwer geschädigt wurden vor allem die Getreideproduzenten in Osteuropa, die jetzt nicht mehr an England liefern konnten. Aufgrund des fehlenden Warenverkehrs wurden die Hafenstädte an der Nord- und Ostsee ebenso ruiniert wie die am Atlantik und Mittelmeer – ein schwerer politischer Fehler und eine weitere Ursache des Feldzugs von 1809.

Napoleon in Uniform.

Ein schwerer Fehler war Napoleon auch in Spanien unterlaufen. Um auf der iberischen Halbinsel die Durchsetzung der Kontinentalsperre zu beschleunigen, hatte er im Mai 1808 das angestammte bourbonische Herrscherhaus kurzerhand abgesetzt und seinen Bruder Joseph auf den Königsthron erhoben, dabei aber nicht mit dem Widerstand der spanischen Bevölkerung und dem Fanatismus der Guerilla-Kämpfer gerechnet. Joseph wurde aus Madrid vertrieben und musste sich hinter den Ebro zurückziehen. Um nicht das Gesicht zu verlieren, war Napoleon gezwungen, selbst einzugreifen. Unmittelbar nach dem Erfurter Fürstentag war er in das spanische Abenteuer aufgebrochen.

Die österreichische Kriegspartei setzt sich durch

Die „Kriegspartei" am Wiener Hof des Staatskanzlers Graf Philipp Stadion witterte Morgenluft. Metternich, damals österreichischer Gesandter in Paris, hatte wiederholt von der Kriegsmüdigkeit der Franzosen berichtet. Friedrich Graf Stadion, Bruder des Staatskanzlers, der am Münchner Hof seine Fäden spann und ein weit verzweigtes Agentennetz leitete, glaubte gar, dass in Deutschland der Zeitpunkt für eine Erhebung gegen die napoleonische Herrschaft gekommen sei. „Rache für Austerlitz" lautete die Devise. Und während man in Wien Napoleon auf dem fernen spanischen Kriegsschauplatz wähnte, begann Österreich aufzurüsten. Diesmal – so war man überzeugt – würde man dem korsischen Eroberer endlich den Garaus machen.

Napoleon, dem die österreichischen Kriegsvorbereitungen nicht verborgen geblieben waren, verließ Spanien, ohne dort die Verhältnisse nachhaltig stabilisiert zu haben, und begab sich direkt nach Paris. Drohend standen die Wolken eines erneuten Kriegsgewitters am Horizont. Österreich hatte innerhalb weniger Monate intensiv aufgerüstet und konnte eine Armee von 200.000 Mann ins Feld schicken. In der Person des Erzherzogs Karl besaß es einen fähigen Heerführer, der – auch wenn er nicht an das Feldherrngenie Napoleons heranreichte – den französischen Marschällen mindestens ebenbürtig war. Dennoch gehörte er nicht zu den Mitgliedern der Kriegspartei – im Gegenteil, er warnte sogar eindringlich vor einem neuen Feldzug. Dass ausgerechnet er zum österreichischen Oberbefehlshaber bestimmt wurde, war seine persönliche Tragik und erklärt vielleicht bis zu einem gewissen Grad sein späteres Scheitern.

Napoleon verfügte über eine Armee von 160.000 Mann, die dem Gegner nicht nur zahlenmäßig unterlegen war, sondern zudem verstreut zwischen Straßburg und Regensburg lag. Um den Feind nicht zum vorzeitigen Losschlagen zu reizen und damit Zeit für weitere dringend erforderliche Vorbereitungen zu gewinnen, blieb der Korse so lange wie möglich in Paris und übertrug dem in Straßburg stationierten Marschall Berthier das Kommando.

Am 10. April 1809 überschritt die österreichische Hauptarmee mit sechs Korps unter Erzherzog Karl zwischen Braunau und Schärding den Inn. Gleichzeitig setzten sich zwei böhmische Korps unter Feldmarschall Bellegarde in Bewegung, um nördlich der Donau den Vormarsch des Hauptheeres zu flankieren. In Regensburg, das zu diesem Zeitpunkt dem Fürstprimas Carl von Dalberg gehörte, sollte sich die Hauptarmee im Süden und die Flankenarmee im Norden vereinigen.

Fürstprimas Carl von Dalberg, Kopie von C. Th. Berg nach Robert Lefèvre, 1811.

Am 11. April flüchtete König Max Joseph mit seiner Familie und dem französischen Gesandten Otto nach Dillingen. Fünf Tage später wurde München von den Österreichern besetzt. Archiv- und Schatzkammer hatte der besorgte bayerische Landesvater bereits Anfang März nach Mannheim schaffen lassen. In Passau wurde die bayerische Garnison der Feste Oberhaus eingeschlossen und in Tirol gab Erzherzog Johann das Signal zum Aufstand.

Die ehemals französische Gesandtschaft in Regensburg im Foto und in einer zeitgenössischen Zeichnung.

Schwerfälligkeit der österreichischen Armee

Als die Österreicher in Bayern einmarschierten, lagen die französischen Truppen noch in alle vier Himmelsrichtungen verstreut. 65.000 Mann unter Marschall Davout zwischen Regensburg und Ansbach, 21.000 unter Oudinot bei Augsburg und Pfaffenhofen, 37.000 Mann befehligte Masséna bei Ulm, 12.000 Württemberger standen unter Vandamme bei Nördlingen, während 28.000 Bayern in einer von Norden nach Süden verlaufenden Frontlinie die vorderste Stellung hielten. Für die Franzosen und ihre Verbündeten begann der Feldzug in heilloser Verwirrung. Zwar hatte man, um einen möglichst raschen und reibungslosen Nachrichtendienst zu ermöglichen, einen Sichttelegraphen von Ulm über Straßburg nach Paris eingerichtet, aber dieser Telegraph, der über Bergkuppen und Kirchturmspitzen geführt wurde, funktionierte nur bei günstigen Wetterverhältnissen. So kam es, dass ein am 10. April durch den Sichttelegraphen abgeschickter Befehl Napoleons erst am 16. April bei Berthier eintraf, während ein gleichzeitig in Marsch gesetzter Reiterkurier bereits drei Tage vor dem Telegramm eine ganz andere Order überbrachte hatte. Berthier war überfordert, die Konfusion komplett und die französischen Truppen marschierten ziellos hin und her. Man wusste nicht einmal, wo die Hauptmacht des Gegners stand und nur dem übermäßig langsamen Vorrücken der Österreicher – 12 Kilometer an einem Tag – haben es die Bayern und Franzosen zu verdanken, dass sie damals vor einer vernichtenden Niederlage bewahrt wurden. Erzherzog Karl hatte die österreichische Armee zwar gründlich reformiert, dennoch war es ihm nicht gelungen, einem Grundübel Herr zu werden – und das war ihre unglaubliche Schwerfälligkeit.

Am 17. April rückte er mit etwa 115.000 Mann bei Moosburg, Landshut, Dingolfing und Plattling über den Inn vor. Seinem Plan zufolge sollte die Armee

Alte Wache Neupfarrplatz.

anschließend in nordwestliche Richtung schwenken, bei Kelheim über die Donau setzen und sich dann nördlich von Regensburg mit dem inzwischen aus Böhmen bis Neumarkt in der Oberpfalz vormarschierten Korps Bellegarde vereinen. Marschall Davout, der mit der französischen Hauptmacht von 65.000 Mann in Regensburg und am rechten Donauufer südlich der Stadt lag, wäre in der Falle gesessen. Eine katastrophale Niederlage der Franzosen erschien fast unausweichlich.

Dass der Feldzug dennoch eine ganz andere Entwicklung nahm, lag in erster Linie an dem strategischen Geschick Napoleons, der innerhalb weniger Tage die Truppenteile zusammenführte und einen genialen Feldzugsplan entwarf. In Dillingen traf er den bayerischen König. Der Dialog zwischen den beiden Monarchen war kurz und knapp. König Max: „Sire, alles ist für uns verloren, wenn Majestät nicht schnell handeln." Napoleon: „Seien Sie versichert, dass Sie in wenigen Tagen wieder in Mün-

Napoleon eröffnet in Abensberg den Feldzug von 1809. Gemälde von Johann Lorenz Rugendas d.J.

chen sein werden.“ König Max ersuchte Napoleon, dem Kronprinzen Ludwig das Kommando über die bayerische Armee zu erteilen, doch der Kaiser, der dem Prinzen sowohl politisch als auch hinsichtlich seiner militärischen Fähigkeiten misstraute, übertrug dem Marschall Lefebvre den Oberbefehl über das bayerische Korps. Lefebvre war zwar kein großes militärisches Genie, sprach aber als Elsässer deutsch, was seinem Kommando zugute kam.

19. April 1809: Das Gefecht bei Köfering, Bad Abbach und Saal

Am 19. April kam es zum ersten Gefecht des Feldzugs. Davout war mit 42.000 Mann in vier Kolonnen von Regensburg Richtung Süden aufgebrochen. Zwischen Köfering, Bad Abbach und Saal traf er auf die vorrückenden und zahlenmäßig weit überlegenen Österreicher. Trotzdem nutzte Erzherzog Karl seine Chance nicht. Davout hielt sich tapfer und schließlich machte ein heftiges Gewitter dem Kampf ein vorzeitiges Ende.

20. April 1809: Die Schlacht von Abensberg

Napoleon war inzwischen von Dillingen abgereist und in Donauwörth eingetroffen. Tags darauf überquerte er bei Neuburg die Donau und begab sich nach Ingolstadt. Den ersten entscheidenden Schlag hatte er für den 20. April geplant und der sollte in Abensberg fallen. An die Offiziere von zwei bayerischen Divisionen hielt er eine anfeuernde Ansprache, wobei Kronprinz Ludwig die Aufgabe hatte, die Rede des französischen Kaisers deutsch zu übersetzen. Die Szene führt uns der französische Schlachtenmaler Jean Baptist Debret vor, und zwar in einem monumentalen Gemälde, das nach einer an Ort und Stelle gezeichneten Skizze entstanden ist und in dessen Vordergrund ein bayerischer bierbäuchiger Dragonerrittmeister in praller weißer Uniform ins Auge fällt. Nicht ganz ohne Ironie ist auch der in der Bildmitte befindliche Kronprinz dargestellt, der als leidenschaftlicher Gegner Napoleons bekannt war und sich auffallend vom Kaiser abwendet. „Bayerische Krieger“ rief Napoleon in Abensberg, „ich stehe vor euch nicht als Kaiser von Frankreich, sondern als Beschützer eures Vaterlandes. Bayern! Dieser Krieg soll der letzte sein, den ihr gegen eure Feinde führt. Greift sie mit dem Bajonett an und vernichtet sie!“ Ein bayerischer Veteran, der die Szene gleichfalls schildert, berichtete in prosaischem Stil: „Das Wetter war trüb, als alle Offizier sich versammelten. Napoleon war angekommen und hielt eine Anrede, welche uns die Offiziere wieder vortrugen. Hierauf erhielt jeder Mann zwei Maß Bier, welches wir aus Kesseln und Kasserollen tranken und dann erwarteten wir den Ruf unseres Feldherrn.“

Der Ruf des Feldherrn und das Bier taten ihre Wirkung. In der Schlacht von Abensberg warfen die Bayern die Österreicher nach Offenstetten und von dort nach Bachl zurück. Mit einem Vorstoß nach Rohr trieben sie zudem einen Keil zwischen den linken Flügel der Österreicher und den vor Landshut stehenden Rest der Armee. Der bayerische Schlachtenmaler Albrecht Adam, von dem das im Historischen Museum in Regensburg befindliche Gemälde „Napoleon vor Regensburg" stammt, beschrieb, wie Napoleon von einer Anhöhe aus das Kampfgeschehen verfolgte: „Da saß er auf seinem kleinen arabischen Schimmel in etwas nachlässiger Haltung mit dem kleinen Hute und mit dem bekannten staubfarbenen Oberrock bekleidet, in weißen Beinkleidern und hohen Stiefeln, so unscheinbar, daß niemand in dieser Persönlichkeit den großen Kaiser, den Sieger von Austerlitz und Jena vermutete. Er machte auf mich mit seinem bleichen Gesichten und kalten Zügen, dem ernsten, scharfen Blick einen fast unheimlichen Eindruck." Zufrieden über den Ausgang der Schlacht ritt Napoleon gegen Abend von Bachl nach Rohr, wo er im Gasthaus der Brauerei Weinzell, dem späteren Gasthof zur Post, Quartier nahm. Er ruhte hier einige Stunden in einem Sessel, ohne die Uniform abzulegen.

21. April 1809: Die Schlacht von Landshut

In Landshut, wo sich das Hauptquartier von Erzherzog Karl befand, versuchte jetzt der linke Flügel der Österreicher das rechte Isarufer zu gewinnen, doch der bayerische General Wrede war ihnen dicht auf den Fersen. Gegen neun Uhr erschien auch Napoleon mitsamt der französischen Kavallerie auf den Höhen nördlich von Ergolding und ließ angreifen. Die Österreicher strömten in wilder Flucht über die Isarbrücken, die sie anschließend in Brand setzten. Einzelne Abteilungen verschanzten sich in der Stadt, wo es noch zu heftigen Straßenkämpfen kam, aber bereits am

Gefecht bei Landshut am 21. April 1809, Federzeichnung von Guiseppe-Pietro Bagetti.

frühen Nachmittag befand sich Landshut im Besitz der Franzosen und ihrer bayerischen Verbündeten. In der alten wittelsbachischen Residenz, in der am Tag zuvor Erzherzog Karl einen epileptischen Anfall erlitten hatte, entwickelte Napoleon im Kreis seiner Marschälle den weiteren Feldzugsplan. „Verlieren wir keine Minute! sagte er zu Marschall Lannes gewandt und einen Befehl an Masséna unterstrich er mit den Worten: „Activité, activité, vitesse – Tätigkeit, Tätigkeit, Schnelligkeit."

22. April 1809: Die Schlacht von Eggmühl und das Reitergefecht von Alteglofsheim

In Landshut traf am frühen Morgen des 22. April 1809 ein Kurier von Marschall Davout ein. Von ihm erfuhr der Kaiser, dass die Hauptmacht Erzherzogs Karl in Richtung Donau eingeschwenkt war und jetzt zwischen Regensburg und Eggmühl stand. Napoleon ließ die erschöpften Truppen umgehend wieder in Marsch setzen. Es war noch dunkel, als 55.000 Mann in einer endlosen Kolonne durch den Morgennebel von Landshut nach Eggmühl zogen. Erzherzog Karl hatte sich dort mit den 26.000 Mann des böhmischen Korps vom linken Donauufer vereint und dann zum Angriff blasen lassen. Aber Davout hielt abermals einer doppelten Übermacht stand, bis die bayerische Vorhut bei Lindach eingetroffen war. Sie fuhr ihre Geschütze auf den Höhen südlich der Laaber auf und begann mit der Beschießung von Eggmühl.

Gegen 14 Uhr erreichte auch Napoleon in Begleitung von Marschall Masséna das Schlachtfeld. Seinen Befehlsstand richtete er zunächst auf dem Kirchturm von Lindach ein. Dann folgte der eigentliche Sturm auf Eggmühl. Der Kaiser, der im Lauf des Tages den erfolgreichen Angriff bayerischer Kavallerie auf eine österreichische Batteriestellung von einer Anhöhe südlich von Eggmühl verfolgte, klatschte mehrmals in die Hände und rief lauthals „Bravo“. In Anerkennung der tapferen Bayern ließ er nach der Schlacht die Parole „Bravoure Bavière“ ausgeben. An der Schlacht von Eggmühl hatte auch der aus Wessing bei Kelheim stammende bayerische Infanterist Joseph Deifl teilgenommen. In seinen Memoiren berichtete er von einem aus Schierling stammenden Kameraden, der vor sich hin jammerte: „Sollt ich den auf meines Vatters Acker derschossen werden?“ Deifl musste lakonisch die Worte darunter setzen: „So auch geschehen.“

Das Schlachtfeld von Eggmühl, Carl von Heideck, 1852.

Dass die Österreicher in Eggmühl vernichtend geschlagen werden konnten, lag einerseits an dem Durchhaltevermögen von Marschall Davout, andererseits an seiner Klarsicht. Ohne den Kurier, den er im letzten Moment an Napoleon geschickt hatte, hätte der Kaiser mit der Hauptmacht nicht mehr rettend eingreifen können. Napoleon ernannte Davout daher zum „Prince d'Eckmuhl" – zu deutsch „Fürst von Eggmühl".

In Alteglofsheim versuchte Erzherzog Karl noch eine Auffangstellung zu schaffen. Es kam dort am Abend des 22. April zum größten Reiterkampf des Feldzugs. Doch die österreichischen Eskadrone wurden überrannt und Napoleon schlug in dem Schloss, das erst vor wenigen Stunden von Karl geräumt worden war, sein Hauptquartier auf. Im Verlauf der Nacht und des heranbrechenden 23. April zog der Erzherzog die österreichische Armee im Donaubogen zusammen. Er war entschlossen, sich in Regensburg über die Donau zurückzuziehen und nach Böhmen zu marschieren. Diese seine Entscheidung führte zur Schlacht um Regensburg.

Gedenktafeln und Gedenkstätten erinnern an den Feldzug von 1809

Landshut

Am Haus Ecke Zweibrückenstraße-Isargestade erinnert eine Gedenktafel an ein Gefecht, das schon vor dem Eingreifen Napoleons am 16. April 1809 stattgefunden hatte. „In standhafter Abwehr feindlichen Isarübergangs" fanden mehrere Angehörige eines bayerischen Infanteriebataillons und eines Jägerbataillons den Heldentod. Auf einer weiteren Gedenktafel an der Ecke Zweibrückenstraße-Fischergasse liest man: „Bei diesem Haus blieb bei der Einnahme Landshuts der Königl. bayer. Generalmajor J. Friedrich Freiherr von Zandt den 21. April 1809." Napoleon logierte vom 21. auf den 22. April 1809 in der ehemaligen Residenz der Wittelsbacher.

Abensberg

Auf der östlich vor der Stadt gelegenen „Napoleonhöhe“ steht ein kleines Denkmal, das 1909 zum hundertjährigen Gedenken an die Ereignisse von der Stadt Abensberg errichtet wurde. Auf dem Hügel hatte Napoleon am 20. April 1809 eine Ansprache an die bayerischen Offiziere gehalten hatte. Vor Abensberg fanden Gefechte in Dingling, Tann, Arnhofen, Biburg und Siegenburg statt. Die Gefechte von Offenstetten, Biburg, Kirchdorf, Birgwang, Siegenburg, Rohr und Pfeffenhausen werden als Schlacht von Abensberg bezeichnet.

Rohr

An einem Feldrain am Ende der Römerstraße befindet sich ein Gedenkstein mit folgender Inschrift: „Kampfplatz in dem Gefechte zwischen den Kaiserl. französischen und k.k. österreichischen Truppen zum Schluß der Hauptschlacht bei Abensberg am 19ten und 20ten April. Gleichzeitig fand bei Offenstätten ein siegreicher Kampf der königl. bayerischen 1. Division Kronprinz statt. Zur Erinnerung an die Anwesenheit Seiner Majestät des Königs Maximilian II. auf dem Schlachtfeld am 14. Juli 18.. (unleserlich). Errichtet 1856 vom Markte Rohr.“ Am Gasthaus zur Post, früher Bierbrauerei Weinzell, liest man auf einer Gedenktafel: „Dieses Haus beehrten im Jahr 1809 den 18ten April Erzherzog Karl von Osten kommend – den 20ten April Kaiser Napoleon von Westen kommend mit ihrer Gegenwart.“

Eggmühl

Auf einem mehrfach gestuften, fast fünf Meter hohem Sockel thront der von Ferdinand von Miller in Erz gegossene und von sechs Wappen umgebene bayerische Löwe von Eggmühl. 1962 brachte die Gesellschaft „Souvenir Napoléonien“ einen Palmzweig in Metall mit Inschrift an. Das in Bahnhofsnähe befindliche Denkmal wurde 1967 und 2002 restauriert. An die Schlacht vom 22. April 1809 erinnert auch die Schnitzlmühle. Sie war abgebrochen worden, um den schnellen Übergang über die Laaber zu ermöglichen. Der Wiederaufbau wurde von Napoleon von Wien aus finanziert.

Löwendenkmal in Eggmühl, Ferdinand von Miller, 1909.

Lindach

Im Kirchturm befand sich am 22. April 1809 der Befehlsstand Napoleons.

Unterdeggenbach

Hier erinnert ein Grabstein an den italienischen General Cervoni, der am 22. April 1809 in der Schlacht von Eggmühl fiel. Der 1768 auf Korsika geborene Cervoni war 1809 Generalstabschef des Armeekoprs von Marschall Lannes geworden. General Pelet berichtet in seinen Memoiren, wie Cervoni mit Marschall Lannes eine Landkarte ausbreitete, als eine Kanonenkugel die Karte durchriss und Cervoni tödlich traf. Er wurde an Ort und Stelle begraben.

Schierling

Im Pfarrhaus hängt ein Gemälde, das eine Episode aus der Schlacht von Eggmühl erzählt: Der blinde Pfarrer, der sich um die Verwundeten bemühte, nahm einen österreichischen Offizier in sein Haus auf und pflegte ihn gesund. Dieser schickte ihm nach seiner Genesung und Heimkehr einen Augenarzt, der dem Pfarrer das Augenlicht wieder gab. Ebenfalls stiftete er das Gemälde, das den blinden Pfarrer mit dem Sakrament vor dem auf dem Schlachtfeld verwundet liegenden Offizier zeigt.

Paring-Dünzling

Auf der Straße zwischen den beiden Ortschaften etwa in der Mitte befindet sich eine Kalksteinsäule mit aufgesetztem Bronzekreuz, am Sockel die Aufschrift: „Andenken an die Gefallenen von 1809“.

Hellring-Langquaid

Etwa zwei Kilometer von Hellring auf der Straße nach Langquaid trifft man auf ein einfaches Kreuz aus Gußeisen auf einem Steinsockel, ebenfalls mit Erinnerungsinschrift an die Gefallenen von 1809. Auf der Rückseite der Name Straßenneubau Gerstl, Oberleierndorf, die das vom Verfall bedrohte Denkmal neu gestiftet hat.

Burgweinting

Das sogenannte Kozabeck-Denkmal gegenüber der Kirche erinnert an den österreichischen Gefreiten, der am 23. April 1809 „die Fahne heroisch verteidigte und sie, die Donau durchschwimmend, rettete."

Regensburg

Der sogenannte „Napoleonstein" im Stadtsüden wurde 1855 von dem Königl. bayer. Landwehr-Major und Privatier Franz Niedermayer aufgestellt, der sich damit einen Orden von Napoleon III. verdienen wollte. Er bekam aber nur ein Dankschreiben, das vom „Sous-chef du Cabinet de l'Empereur", also von einem untergeordneten Beamten, unterzeichnet war. Napoleon hatte zwar von hier aus am Mittag des 23. April 1809 die Schlacht geleitet, ist aber nicht auf diesem Stein sitzend verbunden worden, wie die 1864 angebrachte Tafel fälschlicherweise besagt.

Kozabeck-Denkmal in Burgweinting.

Eine Gedenktafel am Gebäude der HypoVereinsbank an der Ecke D. Martin-Luther/Hemauerstraße erinnert an die Verwundung Napoleons. Die Tafel, die auf das Jahr 1911 zurückgeht, war in den 1980er Jahren in das Depot des Historischen Museums gelangt und wurde im Rahmen der Vorbereitungen auf das Jahresthema „Regensburg im 19. Jahrhundert" am 23. April 2003 wieder angebracht.

In Karthaus-Prüll, wo Napoleon am 23. April 1809 sein Hauptquartier bezog, wurde auf Anregung der „Société d'Histoire Napoléonienne" im Oktober 1963 durch die Bezirksregierung der Oberpfalz eine Gedenktafel veranlasst, die von Dombaumeister Richard Triebe gestaltet und angefertigt worden war. Der über der Tafel befindliche Erker wird „Napoleon-Erker" genannt und das Zimmer, das bis 1803 der Arbeits- und Repräsentationsraum des jeweiligen Priors war und in dem der Kaiser genächtigt hatte, „Napoleons-Zimmer".
Eine weitere Gedenktafel befindet sich an der ehemaligen Dalberg-Residenz am Domplatz, wo Napoleon nach seinem Einzug in Regensburg vom 24. auf den 26. April 1809 sein Hauptquartier hatte. An den Aufenthalt des französischen Kaisers erinnert auch der im Empirestil errichtete Napoleons-Saal in der Neuen Waag am Haidplatz, heute Sitz des Verwaltungsgerichts.
An die Beschießung von Steinweg und Stadtamhof gemahnt ein kleines Denkmal auf den Winzerer Höhen, Österreicherweg 18, das 1890 vom Historischen Verein für Oberpfalz und Regensburg aufgestellt wurde.

Nittenau

Auf der zur Kirche gerichteten Seite des Stadtturms, verziert mit einem Engel und vier eingesetzten Kanonenkugeln: „Gedenktafel an das Rückzugsgefecht am 25. April 1809 zwischen der österreichischen Nachhut unter Feldmarschall-Lieutenant Graf von Klenau und den Franzosen unter Marschall Davout. Hier angebracht 1909."

Vgl. Marcus Junkelmann, Napoleon und Bayern, Regensburg 1985, S. 204-253.

Brand von Regensburg, Johann Christian Benjamin Gottschick, Kupferstich, koloriert.

Der 23. April 1809: Sturm auf Regensburg

3.

Napoleons Soldaten hatten keine Sturmleitern dabei

Am frühen Morgen des 23. April 1809 – einem Sonntag – begann Erzherzog Karl mit dem Rückzug seiner Armee in Richtung Böhmen. Endlose Kolonnen zogen in Regensburg über die Steinerne Brücke und über eine von den Franzosen zunächst nicht bemerkte Schiffsbrücke bei Weichs. Als diese schließlich doch entdeckt und zerstört wurde, blieb nur noch die Steinerne Brücke. Der österreichische Heerführer ließ eine Nachhut von fast 4.000 Mann zurück, die sich in der Stadt verschanzen und den Rückzug decken sollte. Die Zugbrücken wurden hochgezogen, die Tore geschlossen, die Mauern und Wehrgänge besetzt.

Die Eroberung von Regensburg stellte die anrückenden Franzosen vor ein Problem, mit dem sie nicht gerechnet hatten: die Befestigungsanlage der Stadt, bestehend aus Stadtmauer, Wehrgängen, Wehrtürmen, Stadtgraben, Vorwerken und einem weiteren vorgelagerten Wall erwies sich – zunächst jedenfalls – als unüberwindliches Hindernis. Für uns zwar unverständlich, aber diese in wesentlichen Teilen aus dem Mittelalter stammende Befestigung, die im Dreißigjährigen Krieg von den Schweden gestürmt worden war, konnte die Truppen Napoleons nahezu zehn Stunden lang aufhalten. Umso erstaunlicher auch, nachdem der reichsstädtische Magistrat die Wehranlage

Napoleon vor Regensburg, Albrecht Adam, 1840.

schon seit geraumer Zeit für unbrauchbar gehalten hatte. Wie in vielen anderen deutschen Städten waren auf den Wallanlagen Spazierwege eingerichtet worden. Fürst Carl Anselm von Thurn und Taxis hatte zwischen dem Prebrunner Tor im Westen und dem Ostentor sogar eine Allee anpflanzen lassen. Die Wehrgänge der Stadtmauer waren vom Magistrat an Handwerker vermietet worden und im Stadtgraben hatte man Gemüsebeete und Gartenhäuschen angelegt – ein Spitzweg-Idyll, das jetzt in schroffem Kontrast zur rauen Wirklichkeit geriet. Die Befestigungsanlage bot der österreichischen Besatzung, die sich hinter ihren Mauern verschanzt hatte, zunächst sicheren Schutz und Schirm. Die Stadttore waren verrammelt und als die feindlichen Divisionen zum Sturm auf die Stadt ansetzten, empfing sie ein dichter Kugelhagel. Marschall Lannes versuchte es daraufhin mit Artilleriebeschuss. Er ließ bayerische Kanonen zu Batterien zusammenstellen und mit vier-, acht- und zwölfpfündigen Vollkugeln sowie mit brandstiftenden Haubitzen gleichen

Erstürmung von Regensburg, Öl auf Leinwand, Charles Thévenin, 1810.

Kalibers auf die Stadt feuern, doch die mittelalterlichen Mauern der Stadt hielten weiterhin stand.

Weil die Soldaten Napoleons für die Erstürmung einer mittelalterlichen Befestigungsanlage nicht mehr ausgerüstet waren, mussten erst Leitern aus den umliegenden Dörfern herbeigeschafft werden, die dann als Sturmleitern zum Einsatz kamen. Gegen Mittag befahl Lannes einer bayerischen Haubitzen-Stellung, die sich in unmittelbarer Nähe des später still gelegten alten katholischen Friedhofs St. Peter befand, eine Bresche in die Stadtmauer zu schießen. Die bayerischen Kanoniere feuerten, was das Zeug hielt und tatsächlich – nach etwa einstündigem Beschuss klaffte eine Lücke in der Mauer. Die Bresche war geschlagen. Sie befand sich in etwa dort, wo heute das Gebäude der Industrie- und Handelskammer steht. Hier ist auch noch ein Teil der alten Stadtmauer zu sehen.

Regensburg 1809 von Norden.

Die Einnahme der Stadt ist von Ungereimtheiten und der historischen Legendenbildung verfolgt. Nach den Erinnerungen von Julius Wackenreiter, der ein Buch über „Die Erstürmung von Regensburg am 23. April 1809" veröffentlicht hat, erwies sich der Graben als ein unüberwindliches Hindernis. Wackenreiters Schilderungen zufolge wurden die Grenadiere, die ungedeckt etwa 200 Schritte zwischen dem Rand des Grabens und der Bresche mit Sturmleitern vorrücken mussten, jedes mal von einem starken Kartätschen- und Gewehrfeuer der österreichischen Verteidiger niedergestreckt. Als nach dem dritten erfolglosen Versuch die Mannschaft zu zögern begann, soll sich Marschall Lannes den Stern der Ehrenlegion von der Brust gerissen und den mutlos gewordenen Soldaten gezeigt haben. Aber selbst darauf hin sei es nicht gelungen, eine einzige Leiter an die andere Seite des Grabens zu bringen. Nachdem nun selbst die Tapfersten verzagten, habe Lannes den Soldaten zugerufen: „Ihr sollt sehen, dass euer Marschall noch Grenadier ist!“ und selbst eine Leiter ergriffen haben, um sie über den Graben zu bringen. Während ihm seine Adjutanten, die Obersten Labédoyère und Marbot, die Leiter aus den Händen reißen wollten, sollen sich, das feindliche Feuer nicht achtend, die Grenadiere in solchen Massen vorgedrängt haben, dass sie kurz darauf mit Labédoyère und Marbot an der Spitze die Bresche erklommen hatten.

Ob sich Heldentat des Marschalls so zugetragen hat, wie sie Wackenreiter erzählt, mag dahingestellt sein. Wir wissen auch nicht, ob er lediglich den in französischer Sprache erschienenen Memoiren des Generals Pelet gefolgt ist. Allerdings hat auch der Schlachtenmaler Charles Thévenin die Episode in seinem Gemälde „Die Erstürmung Regensburgs“ zumindest andeutungsweise wiedergegeben: vor einer hellen Wolke aus Pulverdampf hebt sich in der Mitte die Gestalt des Marschalls

Marschall Lannes, Lithographie.

Marschall Lannes, Porzellanfigur, Manufaktur Scheibe/Alsbach, 19. Jh.

ab. Dass Lannes ein Draufgänger war, ist unbestritten. Vier Wochen später musste er seinen Wagemut mit dem Leben bezahlen, als er in der Schlacht von Aspern von einer Kanonenkugel, die ihm beide Beine abriss, tödlich getroffen wurde.

In Regensburg waren jetzt seine Adjutanten durch die Bresche in die Stadt eingedrungen und stürmten dort mit kleiner Bedeckung zum nahen Peterstor. Die österreichische Besatzung streckte die Waffen, das Tor wurde von innen aufgesprengt, die Zugbrücke herabgelassen und Marschall Lannes konnte an der Spitze des 85. Regiments in die Stadt reiten. Das war zwischen sechs und sieben Uhr am Abend, also unmittelbar vor Einbruch der Dunkelheit.

In wilder Flucht versuchte sich der Rest der österreichischen Besatzung über die Steinerne Brücke auf das nördliche Donauufer zu retten, wurde aber von den Franzosen verfolgt und so tobte auf der Brücke noch ein heftiger Kampf von Mann gegen Mann. Eine auf dem Dreifaltigkeitsberg postierte österreichische Artilleriestellung, die den Fliehenden Feuerschutz geben wollte, schoss Steinweg und Stadtamhof in Brand. Auch der Nordturm der Steinernen Brücke wurde damals so schwer beschädigt, dass er 1810 abgebrochen werden musste. Den Kampf auf der Brücke hat Johann Gottschick in einem kolorierten Kupferstich (Historisches Museum) dramatisch wiedergegeben.

Dabei ereignete sich in Stadtamhof, das in jener Schreckensnacht bis auf zehn Häuser in Schutt und Asche sank, eine schicksalshafte Episode: Als dort der Buchbindermeister Eggensberger sein Haus in Flammen aufgehen sah, band er seinem einzigen Lehrling kurz entschlossen einen Laib Brot um die Brust und schickte ihn fort. Der Bub irrte durch die brennende Stadt und gelangte schließlich zum Kloster Karthaus-Prüll, wo Napoleon am Tag zuvor sein kaiserliches Hauptquartier aufgeschlagen hatte. Ein Pater versorgte ihn

Ansicht der Kriegsschäden (Sternberg'sches Gartencasino), Johann Bichtel Kupferstich koloriert.

mit dem Nötigsten und schickte den aus Passau stammenden Buben zu seiner Familie zurück. Jahre später wurde er zu einem bedeutenden Verlagsgründer. Sein Name: Friedrich Pustet.

Gegen acht Uhr Abend waren die Franzosen Herr der Lage. Um die erschöpfte Truppe zu schonen, verzichtete Marschall Lannes auf eine Verfolgung der Österreicher, gab jedoch mit der Begründung, dass Regensburg im Sturm genommen worden sei, die Stadt der Plünderung frei. Was dann geschah, illustriert die Schilderung eines Augenzeugen, die Christian Gottlieb Gumpelzhaimer in seine Regensburger Stadtgeschichte übernommen hat – erschienen 1838 im Pustet-Verlag, der 1826 von Passau nach Regensburg verlegt worden war: „Zwar hatte die einbrechende Nacht dem Donner der Kanonen Stillschweigen geboten, und den gänzlichen Rückzug der österreichischen Armee begünstiget; aber die Leiden der Bewohner Regensburgs hatten noch nicht ihr Ende erreicht. Von zwei Seiten in immer weiter greifende Feuer eingeschlossen, wurden die geängstigten Einwohner auch der durch quälenden Hunger gereizten Zügellosigkeit der Soldaten, Mißhandlungen und der Plünderung die ganze Nacht hindurch preisgegeben; selbst die wenige den Flammen entrissene Habe jener Unglücklichen wurde noch eine Beute der Habsucht und erst nach zwei Tagen war es den französischen Offizieren gelungen, diesen wiederholten Exzessen gänzlich Einhalt zu tun."

Durch den Beschuss mit Brandhaubitzen waren bereits am Abend des 23. April in mehreren Stadtteilen, so am Klarenanger und im Bereich zwischen der heutigen Maximilianstraße und Obermünsterstraße Feuer ausgebrochen. Löscharbeiten kamen jedoch viel zu spät in Gang, denn die Regensburger Bürger waren zum großen Teil bereits vor Beginn der Schlacht aufs Land geflüchtet oder hatten sich in ihren Kellern versteckt, wie zum Beispiel die Frau des bayerischen Diplomaten Graf Rechberg, die in einem Keller in der Gesandtenstraße während des Angriffs von einem gesunden Jungen entbunden wurde. Nach einem Bericht des Domherrn Graf Sternberg, dessen klassizistisches Gartenkasino (später Theresienruhe) ebenfalls schwer in Mitleidenschaft gezogen worden war, sollen sich französische Offiziere ins Bett gelegt und den Befehl gegeben haben, sie erst dann zu wecken, wenn der Brand das Nachbarhaus erreicht habe. Dass damals nicht die ganze Stadt niedergebrannt ist, sei den Erinnerungen Sternbergs zufolge in erster Linie Graf Rechberg zu verdanken. Er soll sich kurzerhand den Hut eines bayerischen Generals aufgesetzt und eine alte Paradeuniform angezogen haben. Die französischen Soldaten hätten ihn daraufhin für Kronprinz Ludwig gehalten und sich von ihm widerwillig zum Löscheinsatz führen lassen. Objektiverweise aber muss festgehalten werden, dass auch Marschall Lannes ein Linienregiment und andere Truppenteile zum Löschen abkommandiert hatte.

Als Napoleon am nächsten Morgen auf seinem weißen Schimmel durch das Jakobstor ritt, lagen auf den Straßen Leichen und Trümmer. An manchen Stellen brannte es noch. Dem Bericht eines höheren Regensburger Justizbeamten zu Folge aber wurde der Kaiser „nicht mit dem vielleicht erwarteten Jubelruf empfangen, ja nicht einmal die Neugierde, den großen Feldherrn zu sehen, versammelte, wo Napoleon während seines kurzen Aufenthalts mit seinem Gefolge sich blicken ließ, in größerer Anzahl Regensburgs Einwohner um ihn. Dafür erhielten die öffentlichen Autoritäten, die höheren Dikasterien und Civilbehörden, so wie das Militär und die Geistlichkeit die Erlaubnis, am 25. April dem Kaiser die Aufwartung machen zu dürfen."

Diese Aufwartung fand in der Fürstprimatischen Residenz am Domplatz statt, wo Napoleon jetzt sein Hauptquartier aufgeschlagen hatte. Der Augenzeuge berichtete weiter, wie der Kaiser, nachdem er am Peterstor eine Truppenparade abgenommen und an seine Soldaten Geld und Orden verteilt hatte, bei dem abendlichen Empfang in einfacher Generalsuniform in der Mitte des Audienzzimmers unter einem Kronleuchter gestanden sei, während im Hintergrund seine Marschälle in glänzenden Uniformen gruppiert waren.

Napoleon hatte der schwer getroffenen Stadt eine Entschädigung in Höhe von zwei Millionen Franken versprochen, die er aus der Österreich auferlegten Kriegskontribution bezahlen wollte, und Dalberg, der sich während der Regensburger Schreckenstage in seiner Aschaffenburger Residenz aufgehalten hatte, wandte sich am 22. Mai 1809 in dieser Sache direkt an den Kaiser. Dessen Antwort, die sich heute im Regensburger Stadtarchiv befindet, war jedoch die Tinte nicht wert, mit der er sie geschrieben hatte. Sie blieb eine leere Versprechung bis zuletzt. Nach dem Frieden von Schönbrunn (14. Oktober 1809) übertrug Napoleon die Entschädigung dem Königreich Bayern. Das aber hat ebenso nichts bezahlt und als Jahre später der Kaiser auf die Insel St. Helena verbannt wurde, hielt man sich in München erst recht nicht mehr an die einst übernommene Verpflichtung gebunden.

Am übernächsten Tag, es war der 26. April 1809, verließ der Kaiser die Stadt. Zwei Wochen später schlief er in Schloss Schönbrunn. Trotz der beachtlichen Erfolge, die Napoleon zunächst errungen hatte, sollte sich der Feldzug noch über Monate hinziehen. Erzherzog Karl hatte seine bei Regensburg gerettete Hauptmacht unbehelligt über Böhmen und Mähren bis in die Donauauen vor Wien bringen und dort Napoleon nochmals gegenüberstellen können. In der Schlacht bei Aspern brachte er dem französischen Kaiser die erste empfindliche Niederlage bei. So gesehen war die Erstürmung Regensburgs – am Arc de Triomphe in Paris als „Bataille de Ratisbonne" gerühmt – nicht der große Sieg Napoleons. Der 23. April 1809 war letztlich ein Erfolg der Österreicher, denen es gelungen war, die Franzosen an der Donau vorübergehend aufzuhalten. Die Verteidigung Regensburgs als eine sinnlose Opferung von sechs österreichischen Regimentern zu bezeichnen, wie es beispielsweise in Kurt Klingers Napoleon-Memoiren hieß, erscheint daher nicht gerechtfertigt. Davon ganz abgesehen aber hatte in Regensburg am 23. April 1809 die letzte Erstürmung einer Stadt mit Leitern stattgefunden, man könnte sogar sagen die letzte „mittelalterliche Erstürmung", was sicherlich eine kriegsgeschichtliche Kuriosität darstellt. Für Regensburg, dessen reichsstädtische Tradition damals bereits zu Ende gegangen war, bedeutete dieser Tag den hochdramatischen Abschluss seiner alten Geschichte – ein Jahr später wurde es dem Königreich Bayern einverleibt.

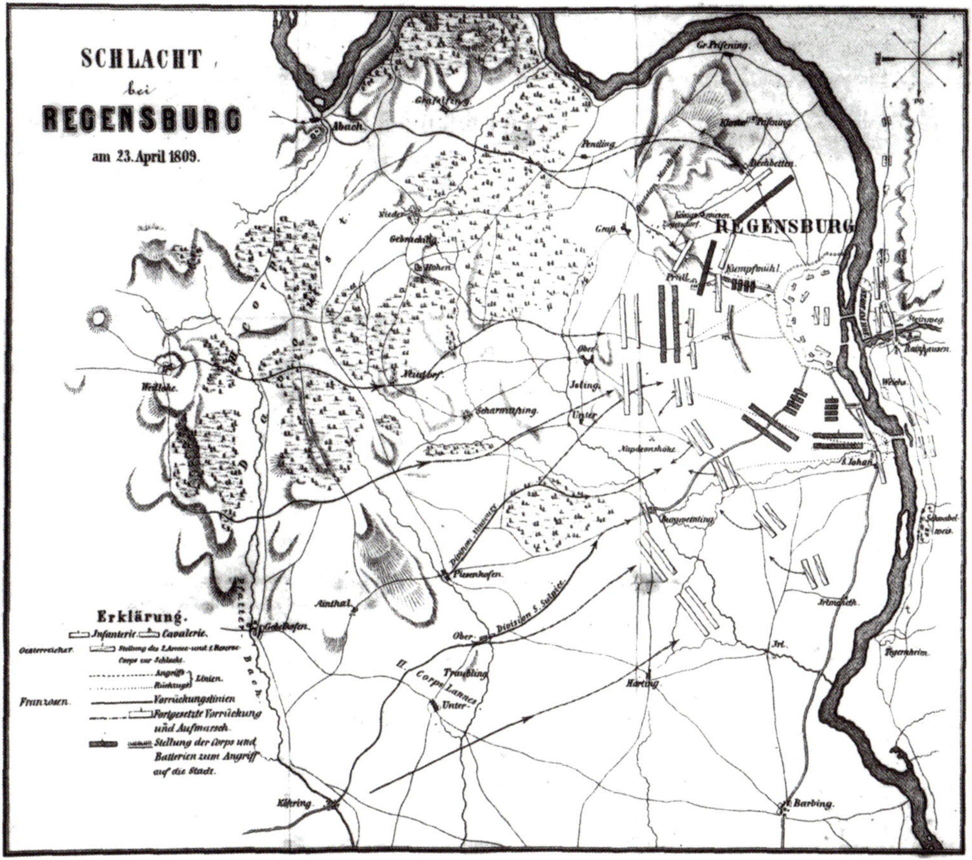

Schlacht bei Regensburg, Julius Wackenreiter, 1865.

Napoleons Verwundung vor den Mauern von Regensburg, Aquatinta von Johann Lorenz Rugendas d.J.

„Ich war einfach zu neugierig!"

4.

Warum Napoleon vor Regensburg verwundet wurde

Es war weder das erste noch das einzige Mal – obgleich dies immer wieder behauptet wird – als Napoleon am 23. April 1809 vor den Mauern Regensburgs durch einen Streifschuss verwundet wurde. Er hatte schon als junger Leutnant bei der Belagerung von Toulon einen Bajonettstich erhalten, aber man hat diese Verletzung wie auch später andere geheim gehalten, weil der Kaiser als unverwundbar gelten sollte. Napoleon hatte selbst gerne an seine Unverwundbarkeit geglaubt, seit er nach seinem ersten Italienfeldzug beim Sturm auf der Brücke von Arcoli mit der Fahne in der Hand vorangestürmt war. Der Mythos seiner Unverwundbarkeit war natürlich mit dem seiner Unbesiegbarkeit verknüpft, was wiederum nicht ohne Wirkung auf die unter ihm kämpfende Truppe blieb. Es mag ein Zufall sein, dass er in dem Feldzug von 1809, in dem er seine angeblich erste Verwundung erhielt, auch seine erste Niederlage einstecken musste: in der Schlacht bei Aspern. Napoleon galt seitdem weder als unverwundbar noch als unbesiegbar. Sein Mythos war angekratzt und wie uns die weitere Geschichte lehrt, hatte er damals auch den Zenit seiner Laufbahn überschritten.

Napoleon nach seiner Verwundung bei Regensburg, Öl auf Leinwand, Pierre Gautherot.

Napoleons Verwundung am 23. April 1809 aber war nicht zu verheimlichen, da sie vor den Augen aller Soldaten geschah. So gesehen war sie also eine Sensation, zumal Napoleon nach mehreren Überlieferungen gesagt haben soll: „Cela ne fait rien. J'étais trop curieux! – Es macht nichts. Ich war einfach zu neugierig!“ und dann, nachdem man ihm einen Notverband angelegt hatte, die Fronten abritt und die Soldaten aufs neu begeisterte. Dass ein solches Ereignis von der Legendenbildung verfolgt wurde, ist nicht weiter verwunderlich. Alle Memoiren, die über den Feldzug von 1809 berichten, erwähnen ohne Ausnahme die Verwundung Napoleons vor Regensburg. Gemälde, Kupferstiche, Zeichnungen und Flugblätter stellen die Szene dar, wie der Kaiser am Rist des rechten Fußes, wo ihn der Streifschuss verletzte, von seinem Leibarzt Yvan verbunden wird und wie er dabei nicht auf seine Wunde, sondern auf seine Umgebung, auf die Soldaten, auf das zu erstür-

Die Verwundung Napoleons vor Regensburg, Bleistift- und Federzeichnung, Benjamin Zix, 1809.

mende Regensburg schaut und schon dabei ist, sich wieder aufs Pferd zu schwingen. Im französischen Armeemuseum in Paris kann man sogar den ausgestopften Schimmel besichtigen, auf dem Napoleon in Regensburg eingeritten ist, ebenso die in einer Vitrine ausgestellten Sporen, die er am Tag der Schlacht von Regensburg trug, und deren rechter deutlich den Einschlag einer Gewehrkugel zeigt.

Warum wurde Napoleon verwundet? Er hat es selbst gesagt – weil er zu neugierig war. Noch besser ausgedrückt, wie es auch in einigen Memoiren zu lesen ist, weil er zu ungeduldig war. Er hatte die vergangene Nacht in Schloss Alteglofsheim zugebracht und um neun Uhr bei Hohengebraching unter einem Baum sitzend ein Frühstück eingenommen. Hier erwartete er die von ihm befohlene rasche Eroberung der Stadt, die er für problemlos gehalten und um die er sich zunächst auch nicht weiter persönlich gekümmert hatte. Wie wir aber wissen, zog sich die Erstürmung Regensburg in die Länge. Sie ging jedenfalls nicht so schnell vonstatten, wie es sich Napoleon erwartet hatte. Gegen zwei Uhr Nachmittag wurde er ungeduldig und ritt auf seinem Schimmel näher heran, um nun doch die Leitung des Angriffs persönlich zu übernehmen. In der Nähe des Peterskirchleins des vor den Mauern der Stadt gelegenen alten katholischen Friedhofs von Weih St. Peter stieg er vom Pferd. Dann richtete er sein Taschenfernrohr auf die Stadtmauer. In diesem Moment spürte er einen brennenden Schmerz am rechten Fuß. „Ich bin getroffen worden," sagte er zu seinem Begleiter.

Die Nachricht, der Kaiser sei von einer Flintenkugel verwundet worden, verbreitete sich wie ein Lauffeuer. Die Erregung innerhalb der Truppe soll so groß gewesen sein, dass die Soldaten der nächsten Abteilungen ihre Stellungen verließen und sich um ihren Kaiser scharten. Wie es in manchen der Memoiren hieß, sei Napoleon vorübergehend von mehreren tausend Mann umringt gewesen sein, die sich überzeugen wollten, dass er noch am Leben war. Während die Leibärzte der Garde, Dr. Yvan und Dr. Thoan, dem Kaiser einen Notverband anlegten, stieg dieser ungeduldig schon wieder aufs Pferd. Von seinem Adjutanten begleitet sprengte er im Galopp davon, um sich den jubelnden Truppen zu zeigen und ihren Kampfesmut erneut anzufeuern.

Wie harmlos die Verletzung im Grunde war, zeigt auch die Tatsache, dass sich von den Augenzeugen bereits wenige Tage später niemand mehr im einzelnen an die näheren Umstände erinnern konnte. Niemand konnte mehr genau sagen, welcher Art die Verletzung eigentlich gewesen war. Die einen erklärten, Napoleon sei, als er zu Pferd bis auf zehn Schritt auf die bayerische Haubitzen-Stellung herangeritten war, die eine Bresche in dien Stadtmauer schießen sollte, von einer Kugel am Fuß getroffen worden. Andere wieder glaubten sich erinnern zu können, dass er zu Fuß gewesen sei und an der Seite von Marschall Lannes gestanden habe. Berthier berichtete später, ein Querschläger habe den Kaiser am rechten Fuß getroffen. Napoleon soll, nachdem er getroffen worden war, außerdem gesagt haben: „Das muss ein Tiroler gewesen sein, der mich aus solcher Entfernung aufs Korn genommen hat. Aber diese Burschen sind vortreffliche Schützen." Das eingangs erwähnte Zitat „Ich war einfach zu neugierig!" wurde von dem dalbergischen Staatsminister Freiherr von Albini überliefert, dem gegenüber Napoleon sich während einer Audienz in der fürstprimatischen Residenz in diesem Sinne geäußert hat.

An seine Gemahlin, die Kaiserin Josephine, hatte er aus Regensburg folgende Zeilen gerichtet: „Die Kugel, die mich getroffen hat, hat mich nicht verwundet. Sie hat kaum die Achillessehne gestreift. Meine Gesundheit ist vortrefflich.“ Seiner Schwägerin, einer württembergischen Prinzessin, die mit seinem Bruder Jérome, dem König von Westfalen, verheiratet war, teilte er mit: „Das Gerücht von meiner Verwundung ist ein Schwindel. Eine Kugel hat mich zwar erwischt, aber sie hat mich nicht verletzt.“

Trotz alledem muss für ihn die Verletzung ziemlich schmerzhaft gewesen sein, denn der Kaiser zog sich anschließend aus dem Kampfgeschehen zurück und zwar zunächst in das nahgelegene Schloss Pürkelgut. Sophie Poschwitz, die Tochter des damaligen Besitzers, schilderte dem französischen Historiker und späteren Ministerpräsidenten Adolphe Thiers, als dieser 1837 Regensburg besuchte, was sie als junges Mädchen am 23. April 1809 in Pürkelgut erlebt und beobachtet hatte. Sie musste den Ärzten heißes Wasser bringen und konnte zusehen, wie diese Napoleons Stiefel aufschnitten, um seinen geschwollenen Fuß zu befreien. Die Ärzte diagnostizierten eine Quetschung mit starkem Bluterguss. Ein Nerv war ebenfalls in Mitleidenschaft gezogen und der Fuß stark angeschwollen, nicht zuletzt aber auch deshalb, weil der Kaiser seit drei Tagen seine Stiefel nicht mehr ausgezogen hatte. Nachdem Napoleon notdürftig verarztet war, stellte ihm der Gutsbesitzer eine viersitzige Karosse zur Verfügung, mit der sich der Kaiser nach Karthaus-Prüll bringen ließ. Von hier aus betrachtete er das brennende Regensburg und hier errichtete er für diese Nacht sein kaiserliches Hauptquartier. Er hatte sich wohl nicht träumen lassen, dass die Kutsche, mit der er damals von Pürkelgut nach Karthaus-Prüll gefahren war, noch bis zum Jahr 1905 in Niedertraubling als Feuerwehrwagen dienen würde.

Übergabe Regensburgs an Bayern 1810, Öl auf Leinwand, Öl auf Leinwand, Joseph Altheimer 1910.

Napoleon heiratet und Regensburg wird bayerisch

5.

Die Auswirkungen des Feldzugs von 1809

Es ist genug Blut geflossen" sagte Napoleon zu Fürst Johann von Lichtenstein, als ihm dieser nach der Schlacht von Wagram ein Friedensangebot der Wiener Hofburg unterbreitete. Österreich war besiegt und der erhoffte Aufstand gegen die napoleonische Herrschaft in Deutschland war ausgeblieben. Der Friede von Schönbrunn (14. Oktober 1809), der nach monatelangen Verhandlungen geschlossen wurde, überraschte ganz Europa: Österreich trat als Verbündeter an die Seite Napoleons. Besiegelt wurde die neue Allianz mit einem Ehevertrag, der Kaiser Franz zum künftigen Schwiegervater Napoleons machte, der im Jahr darauf die Erzherzogin Marie-Luise heiratete.

Heirat mit Marie Luise am 1. April 1810 in Paris, Gemälde von Georges Rouget.

Ein so grundlegender Wandel in der Politik konnte nicht ohne schwerwiegende Folgen bleiben. In besonders gravierendem Maß war davon Bayern betroffen, das seine Funktion als Puffer und Bollwerk gegen Österreich verloren hatte und dieses betraf wiederum auch Regensburg. Das Königreich Bayern hatte sich nach dem siegreichen Feldzug Hoffnungen auf erhebliche Gebietserweiterungen gemacht, darunter auf große Teile Oberösterreichs, Kärntens und der Steiermark. Weil aber Österreich als neuer Verbündeter geschont werden sollte, musste sich Bayern mit weniger zufrieden geben. Umso mehr drang der Münchner Hof darauf, neben diesem wenigen – darunter fielen Salzburg, Berchtesgaden und das Innviertel – endlich auch das schon seit langem heftig begehrte Regensburg zu bekommen. Napoleon wusste das und daher spielte er die Regensburger Karte noch eine Weile aus, weil er damit die bayerischen Forderungen so niedrig wie möglich halten konnte. König Max Joseph und Montgelas blieb nichts anderes übrig, als persönlich nach Paris zu pilgern, um dort den bayerischen Ansprüchen Gewicht zu verleihen. Auch Dalberg war inzwischen in die französische Hauptstadt geeilt und verteidigte sein kleines Fürstentum mit Spitzen und Krallen. Napoleon machte mit den Pariser Verträgen (16. Februar 1810) ein gutes Geschäft. Dalberg, dem schließlich nichts anderes übrig blieb, als auf Regensburg zu verzichten, wurde mit dem Großherzogtum Frankfurt abgefunden. Bayern hingegen musste für den Erwerb seiner ehemaligen Herzogsstadt tief in die Tasche greifen: jährlich 400.000 fr. an Napoleons Domänenkasse war der Preis. Dass der Münchner Hof auf den Handel einging, zeigt, wie sehr ihm an der Stadt gelegen war. Dies sollte dem Freistaat und auch den Regensburgern zweihundert Jahre später zu denken geben.

In Regensburg, wo man von den bevorstehenden Veränderungen noch kaum etwas ahnte, hatte man andere Sorgen. Neben den Ortschaften Steinweg und Stadtamhof hatte das Feuer nahezu das

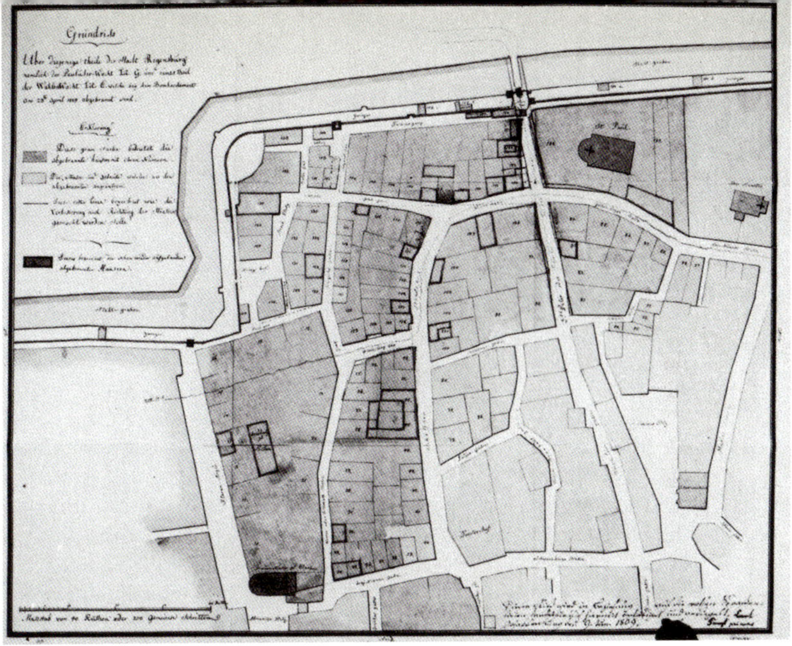

Der Plan zum Wiederaufbau der Pauluserwacht, J. E. von Herigoyen 1809.

gesamte südöstliche Stadtviertel der Stadt in Schutt und Asche gelegt. Besonders betroffen war die sogenannte alte Pauluserwacht, ein mit Litera „G“ bezeichneter Verwaltungsbezirk der Stadt, der noch heute auf manchen der alten Hausnummern zu erkennen ist. Einst hatte die nach dem Kloster Mittelmünster-St. Paul benannte Pauluserwacht aus einem dichten Gefüge enger Straßen und Gassen bestanden. Jetzt aber glich sie einer Wüstenei. 105 Gebäude waren abgebrannt, darunter auch das namengebende Kloster und Schulinstitut St. Paul sowie das am Klarenanger gelegene Frauenkloster St. Klara. Viele der zum Teil einst wohlhabenden Bürger waren über Nacht

Die neue Maximilianstraße. Idealansicht von Johann Nepomuk Liebherr, 1811.

bettelarm geworden. Dalberg hatte vorab den Betrag von 10.000 fl. zur Verteilung an die Ärmsten der Armen geschickt. Um der notleidenden Bevölkerung zu helfen, ließ er sogar einen Teil des Kirchensilbers einschmelzen, was ihm später – obwohl er dies mit dem Domkapitel abgestimmt hatte – schwere Vorwürfe einbrachte. Außerdem eröffnete er ein Staatsanleihen über 100.000 fl., das zum Wiederaufbau der zerstörten Stadt diente.

Mit dem Wiederaufbau beauftragte er seinen Haus- und Hofarchitekten Emanuel d'Herigoyen. Was dieser damals geplant hatte, wurde unter dem neuen bayerischen Landesherrn realisiert, wenn auch in wesentlich bescheidenerem Maß als zunächst vorgesehen. Peter Morsbach hat im Regensburger Almanach 2003 die Planungen Herigoyens – der übrigens dann in bayerische Dienste trat – sowie den Wiederaufbau des zerstörten Stadtviertels in seinem Beitrag „Die neue Maxstraße und ihre alte Geschichte" erschöpfend dargestellt. Demnach hatte Herigoyen zwar die Fröhliche-Türken-Straße durchgreifend reguliert und das Peterstor abreißen lassen, ansonsten aber kaum Änderungen der baulichen Strukturen geplant. Der verwinkelte und geknickte Verlauf der ehemaligen Wermuth-Gasse (heute Dr. Wunderle-Straße) nach Süden zur Stadtmauer hin blieb ebenso erhalten wie die Parzellenstruktur der beiden großen Hofstättenblöcke zwischen Drei-Kronen-Gasse, Winterling-Gasse (heute Königsstraße) und Grasgasse. Absolut neuartig für Regensburg war hingegen die Anlage einer breiten und kerzengerade gezogenen Straße – der Maximilianstraße. Sie wurde ohne größere Rücksichten auf ältere Strukturen vom Ende der Speichergasse auf das 1808 errichtete Kepler-Monument hin ausgerichtet. (Das Kepler-Monument, das damals noch genau in der Sichtachse der Maximilianstraße lag, wurde 1859 beim Bau des Bahnhofs und der Verlängerung der Maxstraße zum Bahnhofsgebäude an seinen heutigen Standort verlegt.)

Bevor es jedoch zum Wiederaufbau des zerstörten Regensburg kam, musste die Übergabe der Stadt an Bayern erfolgen – und die kam erst etliche Monate nach dem Abschluss der Pariser Verträge zustande. Die Ursache war Geld, denn den Vereinbarungen zufolge sollte Dalberg das Fürstentum Regensburg erst an Napoleon abtreten, wenn dieser von Bayern die 400.000 fr. kassiert hatte. Bayern aber zeigte sich zunächst wenig zahlungswillig und so ging es noch eine Weile hin und her, bis schließlich Dalbergs Staatsminister Albini am 9. Mai 1810 Regensburg an den französischen General Compans übergab. Regensburg wurde damit formell französischer Besitz und für einige Wochen sogar von einem französischen „Commissaire ordonnateur" verwaltet. Nachdem der Münchner Hof immer noch keine definitive Zusage über die Bezahlung der vereinbarten Summe gegeben hatte, verzögerte sich die Übergabe ein weiteres Mal. Dem bayerischen Hofkommissar Joseph Maria Freiherr von Weichs, der sich mit dem königlichen Patent zur Besitzergreifung bereits auf dem Weg nach Regensburg befand, blieb nichts anderes übrig, als noch mehrere Tage in Straubing zu warten, was damals Kreishauptstadt des Regenkreises war.

Endlich – am 23. Mai 1810 – kam es zu der denkwürdigen Szene, die Joseph Altheimer hundert Jahre später in seinem Gemälde (Original im Historischen Museum, Kopie im Bischofshof) dargestellt hat. In dem königlichen Besitzergreifungs-Patent, das der Freiherr von Weichs in der ehemaligen dalbergischen Landesdirektion im Bischofshof verlas, versprach König Maximilian I. Joseph, er werde der

Stadt Regensburg „mit Wohlwollen jederzeit zugetan sein und ihrer Wohlfahrt und Glückseligkeit seine ganze landesväterliche Vorsorge unermüdet widmen." Am nächsten Tag wurden die Spitzen der Behörden auf den neuen Landesherrn vereidigt. Die eigentliche Feier fand am 27. Mai 1810, dem Geburtstags des Königs statt. Der bayerische Kanzleidirektor Arnold Friedrich Mieg ergriff die Gelegenheit, um die anwesende Bürgerwehr auf die historische Zugehörigkeit der Stadt zu Bayern hinzuweisen. „Seiner wohlwollenden Herrschaft entzogen" so sprach er, „hat Sie die Vorsehung einem Staate einverleibt, dem Sie schon in der Vorzeit angehörten, dem selbst die Natur Sie zugesellt. Ihre unumstößlichen Rechte behauptend stellt diese – so will es der Herr der Welten – nach Jahrhunderten wieder her, was in der Zeiten-Wechsel, in dem Treiben der Menschen untergegangen schien." Nach über 450 Jahren war die einstmals bayerische Haupt- und Herzogsstadt als letzte der ehemaligen Reichsstädte in den Schoß des Bayernlandes zurückgekehrt. Dass Regensburg damals bayerisch wurde, war eine logische Entwicklung, zu der es keine Alternative gegeben hatte.

Als am 26. September 1810 das Königreich in neun Kreise eingeteilt wurde, sah sich Regensburg zur Kreishauptstadt des Regenkreises, der späteren Oberpfalz, bestimmt und auch das sogenannte General-Commissariat, der Vorläufer der Bezirksregierung, wurde von Straubing nach Regensburg verlegt. Mit der beginnenden Industrialisierung erfuhr Regensburg umfangreiche staatliche Förderungen: Dom-Restaurierung (1827-1839), Seidenplantage (1833), Ludwig-Donau-Main-Kanal (1834), Zuckerfabrik (1837), Bau der Walhalla (1830-1842) und der Befreiungshalle (1842-1863), Bau der Ostbahn (1856), Gaswerk (1857). Die Entwicklung gipfelte in der großen Kreisausstellung anlässlich der 100jährigen Zugehörigkeit Regensburgs zu Bayern im Jahr 1910 mit der Eröffnung des Hafens und einer grundlegenden Restaurierung des Alten Rathauses.

Anhang

Jean-Baptiste Debret, Napoleon harangue les troupes Bavaroises et Wurtembiurgeoises a Abensberg 20 AVRIL 1809, 1810 (Im Hintergrund Kronprinz Ludwig, der die Rede Bonapartes übersetzt).

Die Schlacht von Abensberg am 19. und 20. April 1809

(Tobias Hammerl, M.A.)

Napoleon Bonaparte traf am 20. April 1809 in Abensberg ein. Bereits tags zuvor rückten die Österreicher von Südosten her Richtung Abensberg vor. Die Vorhut kam bis vor die Tore der Stadt. Erst um die Mittagszeit traf die bayerische Division Kronprinz in Abensberg ein und nahm bei der Stadt Aufstellung. Daraufhin griff der österreichische General Thiery an und wurde zwischen Abensberg und Arnhofen zurück geschlagen. Besonders verlustreich war das Aufeinandertreffen von österreichischer und bayerischer Kavallerie bei Arnhofen. Der Abensberger Stadtpfarrer berichtet nach diesem Gefecht von einem schwer verwundeten österreichischen Dragoner. Dieser habe einen Bauern aufgefordert ihm mit dem Messer das zerschossene Bein abzuschneiden. Als dieser sich weigerte, nahm der Dragoner das Messer und schnitt sich das Bein selbst ab.

Das zweite Gefecht des 19. Aprils ereignete sich an der Abens zwischen Biburg und Siegenburg. Das fünfte österreichische Armeekorps hinderte die bayerischen Truppen unter General Wrede bei Biburg die Abens zu überschreiten. Daraus entwickelte sich ein Fernduell mit heftigem Artilleriebeschuss, das bis spät in die Nacht dauerte. Am 19. April wurde durch die Konzentration der bayerischen, französischen und württembergischen Truppen bei Abensberg der Grundstein für den Sieg Napoleons gelegt. Napoleon konnte deshalb am 20. April zum Angriff übergehen. Am Morgen dieses Tages ritt Napoleon in Abensberg ein. Nach der Inspektion der Truppen hielt Napoleon eine flammende Rede an die Bayern. Schließlich begab er sich auf den Hügel, der heute den Namen Napoleonshöhe trägt und eröffnete seinen Offizieren den Operationsplan für diesen Tag.

Schlacht bei Abensberg 1809, (Aquatinta), Verlag Friedrich Campe Nürnberg, um 1809.

Der Plan sah vor, die Österreicher endgültig zu spalten und deren linken Flügel Richtung Landshut zurückzudrängen. Marschall Davoust sollte den rechten Flügel der Österreicher bei Teugn und Than beschäftigen. Der bayerischen Division Kronprinz wurde befohlen von Abensberg Richtung Offenstetten anzugreifen und die Verbindung der österreichischen Heerteile zu unterbrechen, während die Division Wrede bei Biburg über die Abens übersetzen sollte um dort die verbliebenen Teile des fünften Armeekorps zu vernichten.

Um neun Uhr begann der Angriff der Bayern auf Offenstetten. Nach zwei Stunden traten die Österreicher den Rückzug an. Dieser endete für den General Thiery und zwei seiner Regimenter in Gefangenschaft. Etwa zur gleichen Zeit griff General Wrede bei Biburg an. Seine Division überquerte unter Beschuss österreichischer Artillerie die Abens. Die Truppen rückten unterstützt von den Württembergern gegen Hörlbach und Aicha vor. Nach heftigen Gefechten wurden die Österreicher zum Rückzug gezwungen. Obwohl die Division

Napoleon Bonaparte, Kaiser von Frankreich und Ludwig, Kronprinz von Bayern, nach dem Siege bei Abensberg, im Jahre 1809" (Stahlstich).

Wrede bereits zwei Tage im Gefecht stand, bekam sie von Napoleon am Abend des 20. Aprils noch den Befehl Pfeffenhausen zu erobern.

Insgesamt verloren die Österreicher am 20. April circa 10.000 Mann an Toten, Verwundeten und Gefangenen. Alleine 7.000 Gefangene Österreicher wurden nach Abensberg gebracht. Die Kämpfe am 20. April waren noch keine Entscheidung des Feldzuges, allerdings machten die Siege der bayerischen Divisionen die Vernichtung der beiden getrennten Flügel der österreichischen Armee möglich.

Die Abensberger Bevölkerung war überaus erleichtert als sich die Kämpfe von Abensberg fortbewegten. Zwar hatten die Truppen enorme Schäden verursacht – alleine am Gut Offenstetten über 14.000 Gulden – aber die Stadt war nicht zerstört. Obwohl in Abensberg über 4.000 Verwundete behandelt und laufend neue Truppen einquartiert wurden, sammelten die Bürger 356 Gulden für das niedergebrannte Stadtamhof. Alleine die Abensberger Schützen gaben ihre gesamte Kasse von 26 Gulden als Unterstützung. Als Anerkennung für die Leistung der Abensberger Bevölkerung wurde der Stadt von König Max I. Joseph ein neues Stadtwappen mit zwei gekreuzten Schwertern verliehen.

Erinnerungsmedaille an die Schlachten von Abensberg und Eggmühl, um 1809.

Medaille „200 Jahre Stadtwappen Abensberg", 2009 (Die Medaille erinnert an das 1809 von König Max I. Joseph verliehene Stadtwappen).

Das Kulturforum Schloss Alteglofsheim

(Udo Klotz)

Schloss Alteglofsheim, vor den Toren Regensburgs, ist ein uralter Adelssitz seit dem 7. Jh. Reichsgraf Johann Georg II. von Königsfeld (1679-1750) gab dem Schloss im 18. Jh. seine heute noch vorhandene Pracht. Schloss und Schlosspark waren für die Gesandten des Immerwährenden Reichstages des Heiligen Römischen Reiches deutscher Nation kultureller und gesellschaftlicher Kristallisationspunkt der Reichstage, Schloss Alteglofsheim war der glanzvollste Adelssitz der Region.

Das Kulturforum Schloss Alteglofsheim e.V. hat wesentlichen Anteil an der Renovierung des Schlosses. Die Initiative des damaligen Bundestagsabgeordneten und heutigen Vorsitzenden des Kulturforums Benno Zierer führte zur Sanierung des Gebäudekomplexes mit ca. 28 Mio EUR und zur Ansiedlung der dritten Bayerischen Musikakademie.

Heute organisiert das Kulturforum in Zusammenarbeit mit der im Jahr 2000 eröffneten Musikakademie Konzerte, Symposien, barocke Kammeropern, Wandelkonzerte und Schlossgartenfeste – die Mischung ist abwechslungsreich und auf hohem Niveau.

Treppenhaus Westflügel.
Deckenfresko Apoll und die Musen
(Foto: Roswitha Klotz).

Schloss Alteglofsheim

Den Mittelpunkt des Schlosses bildet das Salet mit seinem wiederhergestellten Fassadenschmuck und der prachtvoll skulptierten Kutschendurchfahrt.

Johann Reichsgraf Johann II. von Königsfeld legte besonderen Wert auf repräsentative Ausstattung seines Adelssitzes:

Sein vorzügliches Portrait, 1730 vom Hofmaler Ludwigs XIV., Joseph Vivien (Paris/Versailles), dem führenden Porträtisten der Zeit, gefertigt, ist ein Glanzlicht der Bilderausstattung des Schlosses. Zahlreiche Portraits gekrönter Häupter des damaligen Europa schmücken die Enfilade der Schönen Zimmer. Profilierteste Künstler der Zeit, wie Egid Quirin und Cosmas Damian Asam, Giovanni Battista Carlone, François de Cuvilliés, Matthias Diesel, Johann Baptist Zimmermann verleihen mit ihrem überragenden Können Schloss und Schlosspark Alteglofsheim bis heute strahlenden Glanz.

Reichsgraf Johann Georg II. von Königsfeld (Foto: Roswitha Klotz).

Salet mit Stuck und Fresken der Brüder Asam (Foto: Roswitha Klotz).

Napoleon Schlossfestspiele Alteglofsheim 2009

Das neue Highlight des Kultursommers 2009
Bühnenschauspiel „Napoleon in Alteglofsheim" von Joseph Berlinger (Buch und Regie). Mit Martin Hofer als Napoleon, Eva Sixt, Sylvia Wimmer, Theaterensembles, Pferdegarde, Ensemble LA SFERA (Musik), über 100 Mitwirkende.
Festspielleiter: Udo Klotz

Im traumhaft schönen Ambiente von Schloss und Schlosspark Alteglofsheim, vor architektonisch imposanter Schlossfassade das kunsthistorische Juwel erleben, das die Gesandten des Immerwährenden Reichstages aus dem nahen Regensburg entzückte. Napoleon nahm hier im Barockschloss Alteglofsheim am 22. April 1809 Quartier. Hohe Politik, hohe Kunst und Kultur, Apollo und die Musen haben hier ihre Residenz. Kulturelle Highlights im anmutenden Ambiente eines glanzvollen Fürstensitzes.

Aufführungen (jeweils 20 Uhr):
Fr, 17.; So, 19.; Mi, 22.; Fr, 24.; So, 26.07.09
Die Freiluftaufführungen finden bei jedem Wetter statt.
Karten: 25 EUR / 20 EUR (erm.)
Rathaus Alteglofsheim, Tel. 09453/931-18, Tourist-Information Altes Rathaus Regensburg, Tel. 0941/507-5050;
kulturforum@schloss-alteglofsheim.de

Martin Hofer als Napoleon (Foto: Albert Kösbauer).

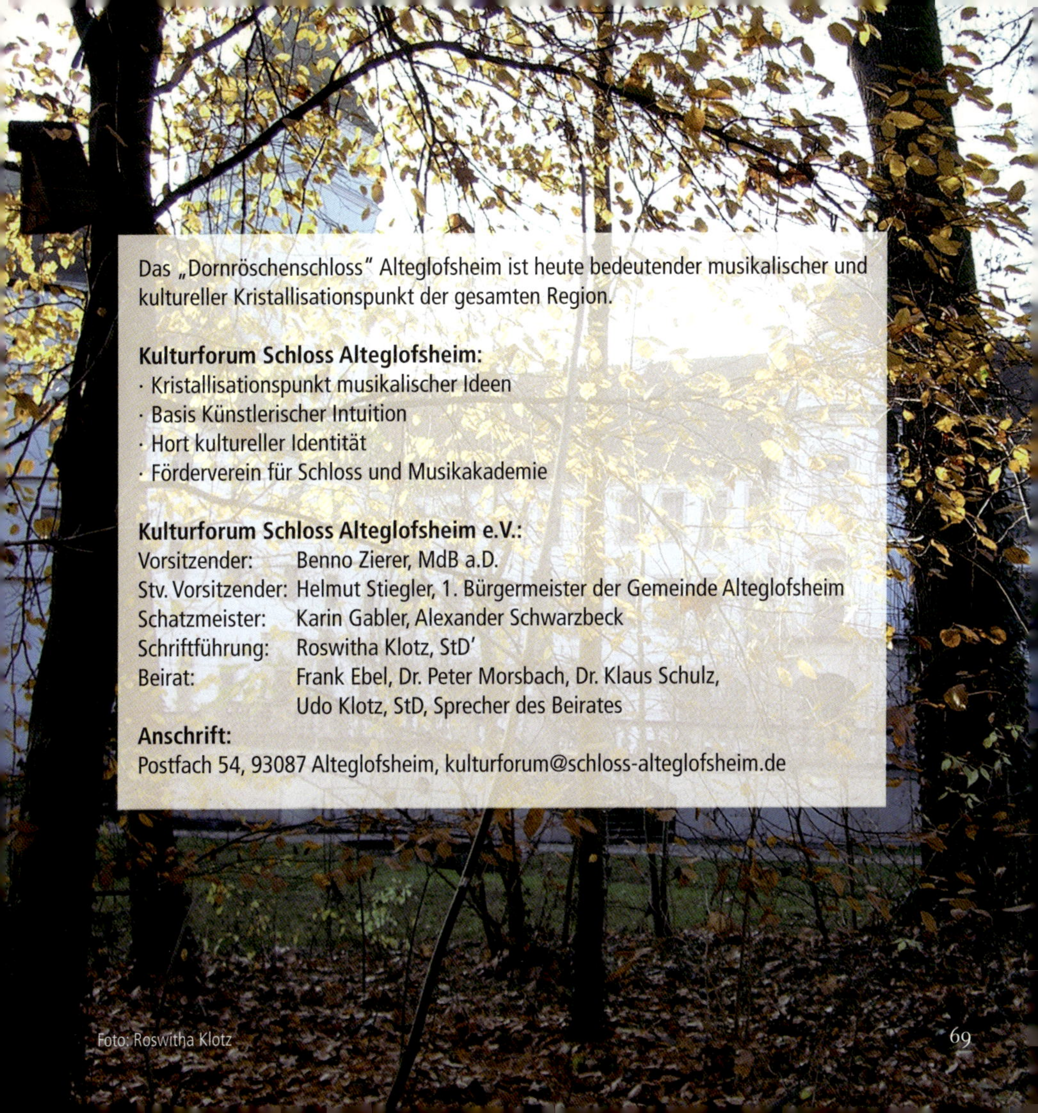

Das „Dornröschenschloss" Alteglofsheim ist heute bedeutender musikalischer und kultureller Kristallisationspunkt der gesamten Region.

Kulturforum Schloss Alteglofsheim:
- Kristallisationspunkt musikalischer Ideen
- Basis Künstlerischer Intuition
- Hort kultureller Identität
- Förderverein für Schloss und Musikakademie

Kulturforum Schloss Alteglofsheim e.V.:

Vorsitzender:	Benno Zierer, MdB a.D.
Stv. Vorsitzender:	Helmut Stiegler, 1. Bürgermeister der Gemeinde Alteglofsheim
Schatzmeister:	Karin Gabler, Alexander Schwarzbeck
Schriftführung:	Roswitha Klotz, StD'
Beirat:	Frank Ebel, Dr. Peter Morsbach, Dr. Klaus Schulz, Udo Klotz, StD, Sprecher des Beirates

Anschrift:
Postfach 54, 93087 Alteglofsheim, kulturforum@schloss-alteglofsheim.de

Foto: Roswitha Klotz

Lorenz Rugendas, „Die Rückeroberung Landshuts durch Napoleon am 21. April 1809", 1809.

Napoleon in Landshut (Uta Spies, M.A.)

Im Jahr 1809 wurde Landshut zwischen dem 16. und 21. April zum Kriegsschauplatz. Am 16. April tobte um Landshut ein schwerer Kampf mit Artillerie. Die Österreicher hatten sich auf dem rechtsseitigen Isarufer in der Stadt verschanzt, das französische Heer unter Generalleutnant Deroi attackierte die Stadt massiv. Schwere Schäden und zahlreiche Opfer waren zu beklagen.

Während der folgenden Tage marschierten viele Truppen durch die Stadt. Als am 20. April 1809 die Österreicher bei Abensberg geschlagen worden waren, versuchten sie am 21. April zumindest Landshut zu halten. Aber sie waren dem Ansturm der französischen und bayerischen Truppen nicht gewachsen und flohen nach heftigen Kämpfen aus der Stadt. Beim Rückzug zerstörten sie die Isarbrücken und beschädigten das Äußere Isartor bei Hl. Geist, das später abgebrochen werden musste. Bei dieser Auseinandersetzung fiel der bayerische General von Zandt, dessen Grab sich bis heute im Landshuter Hauptfriedhof befindet. Gegen Abend erschien Napoleon in Landshut und verbrachte die Nacht auf den 22. April 1809 in der Stadtresidenz. Der Schriftsteller Johann Nepomuk Ringseis schrieb dazu, dass er Napoleon und seine bedeutenden Generäle in Landshut einfahren sah und alle verwundert an dem hohen schlanken Martinsturm (130 m) hinauf geblickt hätten. Im Oktober des gleichen Jahres hielt sich Napoleon ein zweites Mal in der Stadt auf. Mutige Landshuter Bürger und die örtliche Bürgerwehr hatten versucht, die Bewohner und ihre Stadt zu retten, aber sie waren gefangen in einer fanatischen Auseinandersetzung der Kriegsparteien.

1809 gehört zu den schlimmsten Kriegsjahren, die Landshut im Laufe seiner Geschichte zu ertragen hatte.

In der Stadtresidenz Landshut hat Napoleon am 21. April 1809 übernachtet.

Georg Michael Wittmann –
Dompfarrer, Regens, Retter im Feuersturm 1809

(Dr. Hermann Reidel)

Die Bischöfe Johann Michael von Sailer und Georg Michael Wittmann, Gemälde von Barbara Popp, nach 1833.

Das Schicksalsjahr 1809 bescherte der fürstprimatischen Residenzstadt Regensburg eine bis heute sichtbare Umgestaltung im Gefolge des napoleonischen Eroberungskrieges dieses Jahres. Ein ganzes Viertel neben dem St.-Peterstor ging im Flammenmeer der von französischen, bayerischen und württembergischen Truppen erstürmten Stadt unter. Nach dem Übergang Regensburgs an Bayern entstand über den Brandruinen die neue breite Maximilianstraße als Huldigung an den neuen Stadtherrn, König Maximilian I. von Bayern.

Im Verlaufe der Kampfhandlungen hatte nach dem 10. April zeitweise ein ganzes französisches Armeekorps mit ca. 45 000 Mann unter General Davoust die Stadt besetzt, die als Hauptstadt des souveränen Fürstentums von Fürstprimas Carl von Dalberg neutral war. Noch vor der drohenden Umzingelung durch die österreichischen Truppen hatte Napoleon seine Kontingente unverzüglich abgezogen, um sie mit seinen Einheiten bei Ingolstadt zu vereinigen. Die Österreicher erschienen am 20. April vor Regensbug und erzwungen die Kapitulation der zurückgebliebenen tausend französischen Fußsoldaten. Dies erboste Napoleon derart, dass er seine Truppenteile zusammenzog und über Eggmühl, wo es zu einer vernichtenden Niederlage der zahlenmäßig weit stärkeren österreichischen

Armee kam, nach Regensburg vorrückte, um dem Feind den Rückzug über die Steinerne Brücke unmöglich zu machen.

Der damalige Regens der Priesterseminars (seit 1802) und Dompfarrvikar von St. Ulrich (seit 1804) hat in einer eindrücklichen Schilderung den Sturm auf Regensburg an jenem denkwürdigen 23. April 1809 beschrieben. In seinem 32 Seiten umfassenden Bericht prangert er den Unsinn des Krieges an, in dem über das Leid des Einzelnen völlig hingweggesehen wird. Minutiös beschreibt Wittmann die Ereignisse und den Brand der Stadt Regensburg vom 23. auf den 24. April. Sein Priesterseminar im ehemaligen Jesuitenkolleg St. Paul erlitt größten Schaden während des franzö-

Bischof Georg Michael Wittmann, der Kinderfreund, kolorierter Kupferstich von Johann Bichtel, um 1830.

Dompfarrer Georg Michael Wittmann mit Mesner Gschray vor dem Südportal der Dompfarrkirche St. Ulrich, kolorierte Federzeichnung, um 1820.

Bischof Georg Michael Wittmann vor der Dompfarrkirche St. Ulrich, Kupferstich von Johann Bichtel, um 1830.

sischen Beschusses. Wittmann verlor einen Großteil seiner wissenschaftlichen Manuskripte und seines persönlichen Besitzes. In seinen Aufzeichnungen schreibt er: *„Wer den Schrecken dieser Nacht nicht gesehen hat, kann ihn sich nicht vorstellen. Ein weit ausgedehntes die ganze Nacht hindurch bis in den folgenden Tag fortbrennendes Feuer, wodurch 150 Häuser zu Regensburg, 95 Wohngebäude zu Stadtamhof verbrannten; in allen Straßen herumschwärmende Soldaten, die den fliehenden und herumirrenden Leuten nahmen, was dieselben den Flammen entreißen wollten …"*

Regens Wittmann und der Augustinereremit Fulgentius Kleiber waren unermüdlich im Einsatz, um zu löschen, Menschen zu retten und Verwundete auf allen Seiten zu versorgen.

Die Dokumentation in der ehemaligen Dompfarrkirche St. Ulrich möchte die Geschehnisse in Text und Bild nachzeichnen. Graphische Darstellungen der Kämpfe um Regensburg sowie Augenzeugenberichte sollen den Menschen heute die Sinnlosigkeit des damaligen Krieges nahe bringen und an die vielen Opfer des Jahres 1809 erinnern.

Ausstellung:
22. April bis 14. Juni 2009
Museum St. Ulrich, Domplatz 2
Öffnungszeiten:
Dienstag bis Sonntag von 10-17 Uhr

Carl Wilhelm von Heideck, "das schöne Bild", 1852.

Das schöne Bild (Adolf Wallner)

Der damalige Oberleutnant Heideck war von den bayerischen Heerführern dazu ausersehen, das Schlachtgeschehen in Skizzen festzuhalten. Nachdem er aber einen ganzen Tag und eine ganze Nacht auf den Beinen gewesen war, verschlief er buchstäblich die Schlacht bei Eggmühl im Schierlinger Pfarrhof. Erst als eine Kugel im Dach des Pfarrhofes einschlug, erwachte er und begann nach Weisung von Kronprinz Ludwig, das Geschehen aufzunehmen. Seine königliche Hoheit wollte neben der Gewißheit der exakten Darstellung auch Detailtreue und beauftragte deshalb den Maler Kobell, zusammen mit Heideck noch einmal das Gebiet abzureiten. Bei dieser Gelegenheit traf er auf den Pfarrer Häring von Schierling, den er nur erblindet kannte, der aber jetzt wieder sehen konnte. Der Pfarrer berichtete, dass er sich damals auf das Schlachtfeld begeben habe, um den Sterbenden die Sakramente zu bringen und die Verwundeten in das Dorf bringen zu lassen. Unter den Verletzten war auch ein österreichischer Wundarzt, Franz Heßlinger, der mit zerschossenen Beinen im Pfarrhof aufgenommen und gesund gepflegt wurde. Als Dank löste er dem erblindeten Pfarrer den Grauen Star. Der Offizier war von dieser Geschichte so gerührt, dass er das „Schöne Bild" schuf, das heute im Wohnzimmer des Pfarrhofes hängt.

Veranstaltungen

www.napoleon-in-bayern.de

Termin	Ort	Veranstaltung
Di. 13.01.09 19.30 Uhr	Eggmühl Schloss	**„Europa im Jahre 1809. Der politische und militärische Hintergrund des 5. Koalitionskrieges".** Vortrag von Dr. Marcus Junkelmann. Markt Schierling, Tel. 094 51 / 93 02-17, a.wallner@schierling.de
Do. 15.01.09 19 Uhr	Abensberg Sitzungssaal im Aventinum, Osterriedergasse 6	**Historische Stadtratssitzung zum Ausbruch des Krieges auf der iberischen Halbinsel und einer drohenden Invasion in Bayern.** Stadt Abensberg, Tel. 094 43 / 91 03-15, tobias.hammerl@abensberg.de
Mi. 28.01.09 19.30 Uhr	Regensburg Historisches Museum	**Buchvorstellung „Kulturführer Regensburg: Napoleon in Bayern",** Vortrag von Dr. Konrad M. Färber.
Di. 10.02.09 19 Uhr	Eggmühl Schloss	**„Die feindlichen Armeen. Heeresorganisation, Waffentechnik, Taktik und Logistik".** Vortrag von Dr. Marcus Junkelmann. Markt Schierling, Tel. 094 51 / 93 02-17, a.wallner@schierling.de
Di. 03.03.09 Di. 10.03.09 Di. 17.03.09 19 Uhr	Landshut vhs, Obere Länd 41	**„Napoleon Bonaparte". Sonderthema Geschichte im Rahmen des „studium generale" der vhs Landshut.** Dozent: Gerhard Tausche (Stadtarchivar). vhs Landshut, Tel. 08 71 / 922 92-510, weinzierl@vhs-landshut.de
Mi. 04.03.09 19.30 Uhr	Abensberg Aventinum, Osterriedergasse 6	**„Schorsch, mogst a Bifflamott?" Französisches im Bairischen.** Vortrag von Prof. Dr. Ludwig Zehetner (Universität Regensburg). Stadt Abensberg, Tel. 094 43 / 91 03-13, franz.piendl@abensberg.de
Di. 10.03.09 19.30 Uhr	Eggmühl Schloss	**„Der schönste Feldzug". Der Verlauf der Kämpfe in Bayern im April 1809.** Vortrag von Dr. Marcus Junkelmann. Markt Schierling, Tel. 094 51 / 93 02-17, a.wallner@schierling.de
Mi. 25.03.09 19.30 Uhr	Abensberg Aventinum, Osterriedergasse 6	**„Napoleon und die Vermessung Bayerns".** Vortrag von Vermessungsdirektor Franz Viertler. Stadt Abensberg, Tel. 094 43 / 91 03-13, franz.piendl@abensberg.de

März-Mai 09	Abensberg	**Veranstaltungsreihe „Abensberger Frühlingsgefühle" unter dem Motto „Napoleon in Bayern".** Stadt Abensberg, Tel. 094 43 / 91 03-59, fremdenverkehr@abensberg.de
Do. 02.04.09 - So. 04.10.09 jew. Di-So 10-16 Uhr	Abensberg Stadtmuseum, Sollingerstr. 18	**Sonderausstellung „1809: Die Schlacht bei Abensberg" im Herzogskasten Abensberg.** Stadt Abensberg, Tel. 094 43 / 91 03-59, fremdenverkehr@abensberg.de
So. 19.04.09 10.30 Uhr	Regensburg Stadtamhof, Kirche St. Andreas/ St. Mang, Andreasstr. 13	**Gedenkgottesdienst mit festlicher Musik, Domvikar Dr. Schrüfer und Prälat Dr. Hopfner, Domdekan i.R.** Heimatverein „Statt am Hoff" e.V., Tel. 09 41 / 677 79
So. 19.04.09	Alteglofsheim Schloss	**Zentrale Auftaktveranstaltung des Napoleonjahres 2009.** Kulturforum Schloss Alteglofsheim e.V., Tel. 094 01 / 69 31
So. 19.04.09	Hausen/Teugn	**Einweihung eines Gedenksteins beim ehemaligen Kampfplatz.** Am 19. April 2009 fand der erste große Kampf zwischen Österreich und Frankreich in und um die Wälder zwischen Hausen und Teugn statt. Rund 40.000 Soldaten kämpften um den Sieg. Über 8.000 davon sollen gefallen sein. Gemeinde Hausen (www.gemeinde-hausen.de) und Gemeinde Teugn
Mo. 20.04.09 18 Uhr	Abensberg Napoleonshöhe, Auffahrt B 16	**Gedenkfeier auf der Napoleonshöhe anlässlich des 200. Jahrestages der Schlacht bei Abensberg.** Stadt Abensberg, Tel. 094 43 / 91 03-59, fremdenverkehr@abensberg.de
Mo. 20.04.09 19 Uhr	Regensburg Treffpunkt: Eingang Dreifaltigkeitsbergkirche	**Österreicher Denkmäler mit Blick auf Stadtamhof, Steinweg und Reinhausen.** Führung von Dr. Josef Brandhuber auf dem Dreifaltigkeitsberg: Geschichts- u. Heimatverein Steinweg-Winzer, Tel. 09 41 / 848 39
Di. 21.04.09 19.30 Uhr	Landshut vhs, Obere Länd 43	**„Bayern und Napoleon I.".** Vortrag von Prof. Dr. Peter Schmid (Universität Regensburg). Stadt Landshut, Tel. 08 71 / 88 17 01, gerhard.tausche@landshut.de

Mi. 22.04.09 - So.14.06.09 Di-So 10-17 Uhr, Eröffnung: Di. 21.04.09 19 Uhr	Regensburg Museum St. Ulrich, Domplatz 2	**Ausstellung „1809 – Georg Michael Wittmann als Not-'helfer der Regensburger".** Das heutige Diözesanmuseum in St. Ulrich befindet sich in der ehem., gleichnam. Dompfarrkirche, in der Georg Michael Wittmann bis zur Profanierung des Gotteshauses 1824 als Dompfarrer wirkte. Kunstsammlungen des Bistums Regensburg, Tel. 09 41 / 597-25 32, hreidel.museum@bistum-regensburg.de
Mi. 22.04.09 17 Uhr	Schierling/ Eggmühl Löwendenkmal	**Gedenkfeier anlässlich „200 Jahre Schlacht bei Eggmühl" und 100 Jahre Grundsteinlegung für das Denkmal „Löwe von Eggmühl" mit Kranzniederlegung.** Eröffnung der Ausstellung „Schlacht bei Eggmühl" und eines Infoweges. Markt Schierling, Tel. 094 51 / 93 02-17, a.wallner@schierling.de
Mi. 22.04.09 19.30 Uhr	Regensburg Gaststätte Spitalgarten, Katharinenplatz 1	**Vortrag von Kulturreferent Klemens Unger mit Vorstellung des Büchleins „Die Schreckenstage von Stadtamhof im April 1809" (Nachdruck von 1909) und Grußworte des Schirmherren, Spitalmeister W. Koller.** Heimatverein „Statt am Hoff" e.V., Tel. 09 41 / 677 79
Mi. 22.04.09 - Fr. 31.07.09	Schierling/ Eggmühl Löwendenkmal	**Ausstellung mit Originalfundstücken aus der Schlacht bei Eggmühl am 22. April 1809.** Markt Schierling, Tel. 094 51 / 93 02-17, a.wallner@schierling.de
Mi. 22. + Do. 23. 04.09 21 Uhr	Landshut Kinoptikum	**Filmvorführung „Waterloo", Historienfilm mit Rod Steiner (Napoleon), Christopher Plummer (Wellington), Orson Welles (Ludwig XVIII.).** Italien/UdSSR 1969, 134 Min., R.: Sergej Bondartschuk, ab 14 Jahren. www.kinoptikum.de
Do. 23. 04.09 16 Uhr	Regensburg Stadtamhof 1, Spitalbogen in der Hauptstraße	**Führung durch Stadtamhof und Spitalgarten mit Spitalarchivar Dr. Artur Dirmeier.** Heimatverein „Statt am Hoff" e.V., Tel. 09 41 / 677 79
Fr. 24.04.09 18 Uhr	Regensburg Stadtamhofer Tor	**Enthüllung der Gedenktafel am Stadtamhofer Tor mit anschließendem Bürgertreff im Spitalgarten zum „Napoleontrunk" 1809".** Heimatverein „Statt am Hoff" e.V., Tel. 09 41 / 677 79

Sa. 25.04.09 10 Uhr	Landshut Treffpunkt: Ecke Heiliggeistgasse/ Isargestade	**Tagesausflug „Auf den Spuren Napoleons" mit Führungen in Landshut und Eggmühl.** Führung in Landshut mit Stadtarchivar Gerhard Tausche, Weiterfahrt nach Eggmühl, dort „Schlachtfeldführung" (inkl. Mittagessen) mit Ortsheimatpfleger Georg Schindlbeck. Stadt Landshut, Tel. 08 71-88 17 01, gerhard.tausche@landshut.de
Di. 28.04.09 19.30 Uhr	Abensberg Aventinum, Osterriedergasse 6	**„1809 - Die Schlachttage von Abensberg".** Vortrag von Tobias Hammerl, M.A. mit Vorstellung der Medaille „traité de pressbourg". Stadt Abensberg, Tel. 094 43 / 91 03-15, tobias.hammerl@abensberg.de
Di. 05.05.09	Eggmühl Schloss	**„Kunst und Krieg. Die Dokumentation des Feldzuges von 1809 in der bildenden Kunst".** Vortrag von Dr. Marcus Junkelmann. Markt Schierling, Tel. 094 51 / 93 02-17, a.wallner@schierling.de
Mi. 06.05.09 19.30 Uhr	Landshut vhs, Obere Länd 43	**Powerpoint-Show „Joseph Deifel – ein bairischer Infanterist in Napoleons Großer Armee".** Referent: Bernd Grune. vhs Landshut, Tel. 08 71 / 922 92-510, weinzierl@vhs-landshut.de
Do. 07.05.09 18 Uhr	Regensburg Stadtamhof, Kirche St. Andreas/ St. Mang, Andreasstr. 13	**Feierliche Marienvesper zum Abschluss der Gedenkveranstaltungen „Maria, die Schutzfrau Bayerns".** Musikalische Gestaltung durch die Hochschule für Katholische Kirchenmusik und Musikerziehung. Heimatverein „Statt am Hoff" e.V., Tel. 09 41 / 677 79
Sa. 09.05.09	Eggmühl u.a.	**Ganztägige Exkursion zu den Schauplätzen bei Teugn/Hausen, Abensberg, Rohr, Landshut, Eggmühl, Alteglofsheim und Regensburg, mit Besuch der Ausstellungen in Eggmühl und Regensburg.** Referent: Dr. Marcus Junkelmann. Markt Schierling, Tel. 094 51 / 93 02-17, a.wallner@schierling.de

Fr. 15.05.09 19.30 Uhr	Eggmühl Schloss	**„Denkmäler und Jahrestage. Die Erinnerung an den Krieg von 1809".** Vortrag von Dr. Katharina Weigand (Universität München). Markt Schierling, Tel. 094 51 / 93 02-17, a.wallner@schierling.de
Di. 19.05.09 19.30 Uhr	Abensberg Aventinum, Osterriedergasse 6	**„Das Wappenwesen in Bayern und die Entstehung des Abensberger Wappens von 1809".** Vortrag von Prof. Dr. Reinhard Heydenreuter, Bayer. Hauptstaatsarchiv München. Nach dem Vortrag wird die neue Wappenmedaille vorgestellt. Stadt Abensberg, Tel. 094 43 / 91 03-13, franz.piendl@abensberg.de
Sa. 02., So. 03., Sa. 09., So. 10., Sa. 16., So. 17., Sa. 23., So. 24., Sa. 30., So. 31.05.09 jeweils 19 Uhr	Abensberg Treffpunkt Herzogskasten, Dollingerstr. 18	**Szenische Stadtführung 1809: „Die Schlacht von Abensberg".** In Zusammenarbeit mit der Theatergruppe Lampenfieber e.V. Stadt Abensberg, Tel. 094 43 / 91 03-59, fremdenverkehr@abensberg.de
Fr. 05.06.09 20 Uhr	Kelheim Kreuzgang Franziskanerkirche, Am Kirchensteig 4	**Lichtbildervortrag „Kronprinz Ludwig und Napoleon - eine Hassliebe".** Vortrag von Michael Kostka, M.A. Kelheimer Touristik-Initiative, Tel. 094 41 / 90 54, bernd.grune@stadtfuehrungen-kelheim.de
Do. 11.06.09 - So. 14.06.09	Schierling/ Eggmühl/ Kraxenhöfen	**Festwochenende mit Schlachtnachstellung auf historischem Gelände: Königlich Bayerisches 2. Chevauleger-Regiment „Taxis" mit Teilnehmern aus ganz Europa und Übersee.** Markt Schierling, Tel. 094 51 / 93 02-17, a.wallner@schierling.de
Di. 16.06.09 19.00 Uhr	Abensberg Stadtplatz	**Serenade „200 Jahre Wappen der Stadt Abensberg" aufgeführt vom Luftwaffenmusikkorps 1 Neubiberg.** Leitung: Oberstleutnant Hans Orterer. Stadt Abensberg, Tel. 094 43 / 91 03-13, franz.piendl@abensberg.de

Fr. 03.07.09 20 Uhr	Kelheim Kreuzgang Franziskanerkirche, Am Kirchensteig 4	**„Joseph Deifel ... ein baierischer Infanterist in Napoleons Großer Armee".** Joseph Deifel, einer der wenigen Soldaten, die den Russlandfeldzug Napoleons überlebten, beschreibt diese Zeit in seinem Tagebuch drastisch und anschaulich aus der Perspektive eines baierischen Infanteristen. Bernd Grune illustriert diesen Vortrag über den bekannten Essinger mit Bildern wichtiger Stationen seines Lebens. Kelheimer Touristik-Initiative, Tel. 094 41 / 90 54, bernd.grune@stadtfuehrungen-kelheim.de
Fr. 03.07.09 - So. 05.07.09	Abensberg Altstadt	**Napoleonisches Festwochenende mit Belagerung der Stadt, Manöverball und historischem Umzug.** Stadt Abensberg, Tel. 094 43 / 91 03-59, fremdenverkehr@abensberg.de
Do. 16., Fr. 17., So. 19., Mi. 22., Fr. 24., So. 26.07.09 jeweils 20 Uhr	Alteglofsheim Schloss	**Bühnenschauspiel: „Napoleon in Alteglofsheim" von Joseph Berlinger.** In Alteglofsheim verbreitet sich die Nachricht, Napoleon trifft ein. Zwei junge Frauen aus dem Dorf wetten um ihren Jahreslohn: Wem geht der Kaiser ins Netz? Beide verfolgen ihr Ziel konsequent, mit Gesang, Charme und Kochkunst. Doch es kommt ganz anders. Ein historisches Zeitkolorit in theatralischen Szenen. Freilichtinszenierung vor der imposanten Schlossfassade. Kulturforum Schloss Alteglofsheim e.V., Tel. 09 41 / 622 69, udo.klotz@t-online.de, kulturforum@schloss-alteglofsheim.de
Fr. 07.08.09 20 Uhr	Kelheim Kreuzgang Franziskanerkirche, Am Kirchensteig 4	**Lichtbildervortrag „Kronprinz Ludwig und Napoleon - eine Hassliebe" von Michael Kostka, M.A.** Kelheimer Touristik-Initiative, Tel. 094 41 / 90 54, bernd.grune@stadtfuehrungen-kelheim.de
Sa. 22.08.09	Schierling/ Eggmühl Löwendenkmal	**100 Jahre Löwendenkmal. Feier zum 100. Jahrestag der Enthüllung des Löwendenkmals in Eggmühl am 22. August 1909.** Markt Schierling in Zusammenarbeit mit den Eggmühler Ortsvereinen, Tel. 094 51 / 93 02-17, a.wallner@schierling.de

Fr. 28.08.09 19 Uhr	Kelheim Gasthaus zum Schwan, Fischergasse 30	**„Gspusi, Kanape und Böfflamot – parlevouz bayerisch (französisch-bayerische Gemeinsamkeiten in Sprache und Kultur)".** Vortrag von Erni Christl. Nach der geistigen Speise wird auch für das leibliche Wohl gesorgt. Kelheimer Touristik-Initiative, Tel. 094 41 / 90 54, bernd.grune@stadtfuehrungen-kelheim.de
Frühjahr 2009	Regensburg Cafeteria des St. Katharinen-Spitals, St. Katharinenplatz 1	**Bilderausstellung in Zusammenarbeit mit dem Historischen Museum und dem Spitalarchiv.** Dabei wird an die letzte Erstürmung einer mittelalterlichen Stadt, die Verwundung von Napoleon und die Zerstörung von Stadtamhof und dem St.-Katharinen-Spital erinnert. Heimatverein „Statt am Hoff" e.V., Tel. 09 41 / 677 79
Ganzjährig Terminabsprache mit Ortsheimatpfleger	Schierling/ Eggmühl	**Führungen auf dem Gelände der Schlacht von Eggmühl.** Referent: Ortsheimatpfleger Georg Schindlbeck. Markt Schierling, Tel. 094 51 / 93 02-17, a.wallner@schierling.de
Ganzjährig Auf Anfrage bei der Kelheimer Touristik-Initiative	Kelheim Befreiungshalle	**Befreiungshalle in Kelheim und ihre Schlachten. Ein Rundgang von Danigkow bis Straßburg.** Referent: Michael Kostka, M.A. Eine Führung über die geschichtlichen Hintergründe und die kunsthistorische Bedeutung der Befreiungshalle wird ergänzt durch besondere Hinweise zu den bedeutenden Schlachten. Kelheimer Touristik-Initiative, Tel. 094 41 / 90 54, bernd-grune@stadtfuehrungen-kelheim.de
Ganzjährig Auf Anfrage bei der Kelheimer Touristik-Initiative	Kelheim Befreiungshalle	**Der baierische Infanterist Joseph Deifel besucht die Befreiungshalle. Die große Politik konfrontiert mit dem Erleben des kleinen Mannes.** Die Führung zur Kelheimer Befreiungshalle mit szenischen Darstellungen moderiert Bernd Grune, Joseph Deifel ergänzt das Bild unterhaltsam. Kelheimer Touristik-Initiative, Tel. 094 41 / 90 54, bernd.grune@stadtfuehrungen-kelheim.de

Kontakt

Heimatverein „Statt am Hoff" e.V. · Alfred Hofmaier/Richard Reil
Am Gern 6 · 93057 Regensburg · Tel: +49 (0)941 / 67779 / +49 (0)941 / 85795
alfred.hofmaier@t-online.de · reil-richard@t-online.de

Kelheimer Touristik-Initiative (KTI) · Bernd Grune · Veilchenhang 20 · 93346 Ihrlerstein
Tel: +49 (0)9441 / 9054 · Fax: +49 (0)9441 / 642556
www.kelheim.de · bernd.grune@stadtfuehrungen-kelheim.de

Landkreis Regensburg · Kulturreferent Dr. Thomas Feuerer
Altmühlstraße 3 · 93059 Regensburg · Tel: +49 (0)941 / 4009-335 · Fax: +49 (0)941 / 4009-288
kulturreferat@landratsamt-regensburg.de · www.landkreis-regensburg.de

Markt Schierling · Adolf Wallner · Rathausplatz 1 · 84069 Schierling
Tel: +49 (0)9451 / 9302-17 · Fax: +49 (0)9451 / 3434
www.schierling.de · a.wallner@schierling.de

Kulturforum Schloss Alteglofsheim e.V. · Vorsitzender: Benno Zierer
Postfach 54 · 93087 Alteglofsheim · Tel. + Fax: +49 (0)9453 / 31 07 82
kulturforum@schloss-alteglofsheim.de · udo.klotz@t-online.de

Kunstsammlungen des Bistums Regensburg · Diözesanmuseum-Domschatzmuseum
Dr. Hermann Reidel · Obermünsterplatz 7 · 93047 Regensburg
Tel: +49 (0)941 / 597-2532 · Fax: + 49 (0)941 / 597-2531
Hreidel.museum@bistum-regensburg.de · www.bistumsmuseen-regensburg.de

Stadt Abensberg · Touristinformation im Herzogskasten
Dollingerstr. 18 · 93326 Abensberg · Tel: +49 (0)9443 / 9103-59 · Fax: +49 (0)9443 / 9103-18
www.abensberg.de · fremdenverkehr@abensberg.de

Stadt Landshut · Hauptamt/Kultur · Uta Spies M.A. Kulturbeauftragte
Altstadt 315 · 84026 Landshut · Tel.: +49 (0)871 / 88-1616 · **Fax: +49 (0)871 / 24570**
uta.spies@landshut.de · www.landshut.de/napoleonjahr

Stadt Regensburg · Kulturreferent Klemens Unger
Haidplatz 8 · 93047 Regensburg · Tel.: +49 (0)941 / 507-1014 · Fax.:+49 (0)941 / 507-2004
kulturreferat@regensburg.de · www.regensburg.de

Impressum

STADT REGENSBURG

Kulturführer Regensburg 08: Napoleon in Bayern

Herausgeber: Stadt Regensburg, Kulturreferat
Text: Dr. Konrad Maria Färber (S. 2-60)
Bildnachweis:
Abensberg: Stadtmuseum 64, 65
Amberg: Bayer. Staatsarchiv 57
Landshut: Museen der Stadt Landshut 70, 71
München:
· Bayer. Verwaltung der Staatl. Schlösser, Gärten und Seen, Schloss Nymphenburg 4
· Bayer. Staatsgemäldesammlungen 9, 10
· Bayer. Nationalmuseum 11
Paris:
· Ministère des Affaires étrangères 2
· Musée National du Chateau de Versailles U1, 5, 15, 16, 19, 39, 50, 55, 62
· Chateau de Malmaison et Boispréau 7
· Musée de l'Armée 25, 28
Regensburg:
· Bischöfliches Zentralarchiv 73
· Diözesanmuseum 72, 74
· Museen der Stadt Regensburg, Historisches Museum 22 (alle), 36, 38, 40, 43, 47, 48, 54, 58, U2/U3
Privat: 6, 18 (oben), 24, 33, 34, 41 (oben)
Salon-de-Provence: Musée de l'Empéri 51
Scheibe/Alsbach: Manufaktur 41 (unten)
Schierling: Katholische Pfarrkirchenstiftung 30, 75
Wiesbaden (Repro: Andreas Beyer): 18 (unten)
Schloss Alteglofsheim: 61, U4
Grafik: Heike Jörss　Druck: Erhardi Druck Regensburg
Preis: 3,- EUR　ISBN: 978-3-935052-74-0